图解 连锁业会计实操

平准◎编著

中国纺织出版社有限公司

国家一级出版社
全国百佳图书出版单位

内 容 提 要

本书严格依据现行《企业会计准则》，并结合连锁企业会计核算的特点，旨在帮助连锁企业的会计人员迅速掌握会计工作的要求，从懂规则过渡到能工作。本书充分运用了图解的方式向读者传达连锁企业会计的知识，读者一目了然，使得原本枯燥的内容能够清晰明了地展现在读者的面前，这样不仅能使读者较快地掌握知识的精髓，也能加深对知识的理解和掌握。这也是本书的特点和优势。本书内容涵盖了连锁企业会计日常工作的各个关键点，既可作为会计新人的入门指导书，也可作为现任连锁行业会计从业者的案头工作手册，方便随时查用。

图书在版编目（CIP）数据

图解连锁业会计实操 / 平准编著． -- 北京：中国纺织出版社有限公司，2021.1
ISBN 978-7-5180-7946-9

Ⅰ．①图⋯ Ⅱ．①平⋯ Ⅲ．①连锁商店－商业会计－图解 Ⅳ．① F717.6-64

中国版本图书馆 CIP 数据核字（2020）第 189371 号

策划编辑：史 岩　　责任编辑：段子君
责任校对：高 涵　　责任印制：储志伟

中国纺织出版社有限公司出版发行
地址：北京市朝阳区百子湾东里A407号楼　邮政编码：100124
销售电话：010—67004422　传真：010—87155801
http://www.c-textilep.com
中国纺织出版社天猫旗舰店
官方微博 http://weibo.com/2119887771
三河市延风印装有限公司印刷　各地新华书店经销
2021年1月第1版第1次印刷
开本：787×1092　1/16　印张：10.5
字数：212千字　定价：58.00元

凡购本书，如有缺页、倒页、脱页，由本社图书营销中心调换

前言
PREFACE

连锁企业经营是近代商业企业的一枝奇葩。自1859年美国诞生了世界上第一家连锁店,至今已整整走过了150年的历程。20世纪80年代末,连锁企业经营在我国兴起并迅速发展,成为我国近年来零售业发展中变化最快、最具活力的经营方式。可以说,在短短30年的时间里,连锁企业经营在我国跨越了西方国家上百年走过的发展道路。

连锁企业经营作为一种现代化的商业经营方式和组织形式,具有广阔的前景。与此相联系,连锁企业对于会计人才的需求急剧增长,对会计核算的规范性提出了更高的要求。与此同时,有相当一部分会计人员希望能有一本普及性读物,帮助他们迅速了解、熟悉连锁企业日常账务处理,提高业务水平。本书正是在这一背景下编写而成,并奉献给广大读者。

本书作为连锁企业会计核算的普及性读物,力求深入浅出、易于操作、即查即用,强调实用性。

首先,按照连锁企业业务流程,讲解会计核算。

在编排上,本书匠心独具,按照连锁企业的业务流程来讲解会计核算。由于众多连锁企业采购由配送中心完成,因此,将配送中心的核算独立作为一章阐述。由于连锁企业商品的采购大多集中在总部,销售分散在各门店,导致连锁企业内部资金在采购阶段由总部流向门店,在销售阶段则由门店流向总部,形成两种流向,内部会计控制显得尤为重要,因此,本书还着重从货币资金、存货和销售三方面阐述连锁企业内部会计控制的内容与方法。考虑到连锁经营是商业企业的一种经营方式，本书也介绍了一般商业企业成本核算的方法。

其次，严格依据现行的《企业会计准则》及相关法规编写。

本书以《企业会计准则》为依据，结合其他的会计与税收法规，对连锁企业的会计核算进行了详尽的描述。

再次，图文结合，使知识点的表达更为精练明确。

本书将重要的会计内容以图表的方式展现，使知识点的表达更为清晰明确，也使得原本枯燥的会计知识变得生动有趣，这样不仅能够增强读者的阅读兴趣，而且有助于深化读者对知识点的理解。

最后，本书附有大量实务案例，易于读者理解。

本书内容充分，包含了连锁企业会计核算的全过程，相关内容进行技巧点拨、结合实例仿真操作，以帮助读者轻松理解、掌握会计实质内容，使会计工作技能得以快速提高。本书既可作为会计新人的入门指导书，也可作为现任连锁行业会计从业者的案头工作手册，方便随时查用。

尽管在本书的编写和出版过程中，编者始终秉持精益求精的专业态度，但受编辑时间等客观条件限制，书中如有刊误和不足之处，欢迎广大读者批评指正。

平准

2020 年 11 月

目 录
CONTENTS

第一章 连锁企业的经营概述

第一节 连锁企业经营的定义和特征 / 002
  一、什么是连锁企业经营 / 002
  二、连锁企业经营的基本特征 / 003

第二节 连锁企业经营的模式和组织结构 / 004
  一、连锁企业经营模式 / 004
  二、连锁企业的组织结构 / 007

第三节 连锁企业会计核算的特点和形式 / 009
  一、连锁企业会计核算的特点 / 009
  二、连锁企业会计核算的形式 / 010
  三、独立核算形式（往来制）下账户的设置 / 012

第二章 连锁企业内部会计管理与控制

第一节 货币资金管理与控制 / 017
  一、货币资金控制的内容与方法 / 017
  二、备用金管理与控制 / 019
  三、资金盘点流程 / 020

第二节 存货管理与控制 / 021
  一、存货管理与控制的内容 / 021
  二、储存期控制法 / 023

三、第三方物流的利用 / 026

第三节　销售管理与控制 / 028

一、销售管理与控制的内容 / 028

二、信用标准的确定 / 029

第三章　商品流通企业会计核算

第一节　商品流通企业会计核算方法 / 036

一、商品流通企业会计特点 / 036

二、商品流通企业的四种会计核算方法 / 036

第二节　批发企业主要经营过程的核算（数量进价金额核算法） / 040

一、批发企业商品购进的核算 / 040

二、批发企业商品销售的核算 / 042

第三节　零售企业主要经营过程的核算（售价金额核算法） / 045

一、零售企业商品购进的核算 / 045

二、零售企业商品销售的核算 / 046

三、零售企业商品销售成本的核算 / 049

第四节　进价金额核算法核算举例 / 052

一、商品采购的核算 / 052

二、商品销售的核算 / 052

三、销售成本的结转 / 052

四、进价金额核算法应该注意的问题 / 053

第五节　四种不同核算方法间的比较 / 054

一、售价金额核算法 / 054

二、数量售价金额核算法 / 054

三、进价金额核算法 / 054

四、数量进价金额核算法 / 055

第四章 直营连锁模式的会计核算

第一节 直营连锁模式概述 / 058
    一、直营连锁的概念 / 058
    二、直营连锁的管理结构 / 058
    三、直营连锁的经营方式 / 058

第二节 直营连锁模式下总部的会计核算 / 059
    一、采购业务 / 059
    二、总部与门店之间的往来业务 / 068
    三、返利与进场费业务 / 070
    四、总部收到营业款的处理 / 075

第三节 直营连锁模式门店的会计核算 / 076
    一、门店进货和库存商品 / 077
    二、门店之间商品调拨和退货 / 078
    三、门店向银行解交营业款 / 089
    四、现金溢缺的会计处理 / 089
    五、营业款划到总部指定的银行存款户 / 092
    六、销售收入和销售成本的结转 / 092
    七、门店收银管理和内部控制 / 094
    补充资料 / 097

第五章 特许连锁模式会计核算

第一节 特许连锁模式概述 / 101
    一、特许连锁的基本特征 / 101
    二、特许连锁经营的优势与劣势 / 102

第二节 特许连锁模式总部的会计核算 / 103
    一、接收加盟店 / 103

二、总部日常经营活动的核算 / 106

三、加盟店日常经营活动的核算 / 107

第三节 加盟店和合资店营业收入的核算 / 113

一、加盟店和合资店营业收入核算的基本要求 / 113

二、加盟店和合资店营业收入的核算方法 / 114

三、相关费用的处理 / 114

四、增值税的处理 / 115

五、主营业务收入和主营业务成本的结转 / 116

第六章 自愿连锁模式会计核算

第一节 自愿连锁模式概述 / 120

一、自愿连锁定义及其基本特征 / 120

二、自愿连锁经营的组织形式 / 121

三、自愿连锁的优势和劣势 / 121

第二节 自愿连锁模式总部的会计核算 / 122

一、采购业务 / 122

二、总部与门店往来业务 / 123

第三节 自愿连锁模式门店的会计核算 / 125

一、门店日常经营活动的核算 / 125

二、增值税的处理 / 128

第七章 连锁企业配送中心的会计核算

第一节 连锁企业配送中心概述 / 132

一、商品配送中心的特点和作用 / 132

二、商品配送的模式和基本环节 / 133

三、存货管理与配送流程 / 134

第二节 连锁企业配送中心日常账务处理 / 136

一、商品收发的核算 / 136

二、商品配送的凭证及其流转 / 137

三、商品配送的核算 / 140

第八章　各门店调价的会计核算

第一节　概述 / 144

　　一、价格统一 / 144

　　二、价格低廉 / 144

第二节　商品调价的核算 / 145

　　一、统一定价的含义和意义 / 145

　　二、门店自主调价 / 145

　　三、直营店商品调价的会计核算方法 / 146

　　四、加盟店和合资店商品调价的核算方法 / 152

第一章

连锁企业的经营概述

所谓连锁经营，是指在流通领域中，若干同业商店以统一的店名、统一的标志、统一的经营方式、统一的管理手段连接起来，共同进货、分散销售、共享规模效益的一种现代组织形式和经营方式。随着经济的发展，越来越多的企业采用连锁经营的方式来实现规模效应，有的甚至发展成为跨国企业，比如我们熟悉的餐饮业品牌麦当劳、肯德基，以及零售业中的家乐福、沃尔玛。当然，我国各行各业中规模较大的企业也逐渐采用连锁经营的方式。连锁经营是企业扩大规模、提高市场份额的手段之一，也是实力雄厚的企业未来的发展趋势，在这种背景下，连锁企业会计应运而生。要扎实掌握连锁企业会计相关知识，我们不得不了解连锁企业的经营模式和组织结构，以及会计核算的特点，所以本章中我们我们重点介绍以上知识点，以便为后续的学习打下基础。

本章导读

1. 了解连锁企业经营的定义和基本特征
2. 掌握连锁企业经营的模式
3. 掌握连锁企业的组织结构
4. 学会连锁企业会计核算的特点
5. 了解连锁企业会计核算的形式
6. 学会往来制下账户的设置

第一节　连锁企业经营的定义和特征

连锁经营是现代市场经济国家零售业普遍采用的经营方式和组织形式，产生于美国，至今已有100多年的历史。其经营范围覆盖了整个商品流通业和服务业，成为世界发达国家和地区商业发展特别是零售业依托的主要形式。

连锁店经营是现代商业改革和发展的必由之路。近几年，连锁经营在我国的许多地方得到了快速、平稳的发展。这一新的企业组织形式必然与一般的企业组织形式存在不同之处。

连锁业相对于一般制造业而言，甩掉了制造业要投入众多资源，才能获取最终结果的包袱，而具有以小博大的魅力，换句话说只要拥有一个好的商机，由小做起，在收到可预期、合理利润的前提下，逐渐建立正确的经营模式，当达到"麻雀虽小，五脏俱全"的境界时，再透过连锁经营，运用复制方式，以乘数效果，迅速扩张版图。由此可见，连锁经营可让企业撒豆成兵，在最短的时间内建立精良部队。

连锁企业需要一套系统作为支撑以运转。如变形虫般复制所创建的连锁企业，无论门市覆盖有多广，各个部门间有着牵一发而动全身的相关性与互动性，每一个门市与每一个门市间靠的就是系统的齿链来带动运转。

一、什么是连锁企业经营

连锁企业经营，简称连锁经营，是一种商业组织形式和经营制度，通常是以企业的"总部""配送中心"和若干数量的"连锁分店"的组织机构为基础，在统一店名、统一店貌、统一采购、统一配送、统一财务、统一经营、统一价格、统一服务、统一管理等若干个"统一"的管理方式下，由若干数量的连锁分店，构成一个规范的、统一的、规模化的、连锁化的销售网络体系，从事商品或者服务销售的一种商业企业经营模式。

在当代发达的市场经济国家中，连锁经营已经成为占主流地位的、最具发展活力的商业企业模式之一，并逐步渗透到零售业、餐饮业、旅馆业和其他更广阔的服务领域（包括美容、健身、汽车加油等）中。我国的连锁经营虽然起步较晚，但在经济全球化的背景下，发展很快。特别是在零售业中，连锁经营已成为最主要也是发展最迅速的一种经营方式，其年销售总额不但已经超过原来在零售业占据"老大"地位的单店大型百货商场企业，而且已经占整个社会消费品零售总额的20%左右。

二、连锁企业经营的基本特征

连锁企业经营与传统的商业组织相比,具有以下三个基本特征。

(一)组织形式的联合化和标准化

组织形式的联合化和标准化是连锁经营的前提条件。连锁经营方式的组织形式是由一个连锁经营总部和众多的分店所构成的一种企业联合体,被纳入连锁经营体系的加盟店,如同一条锁链上的各个环节相互连接在一起,所以称为"连锁店"。

传统的零售业也存在着一定程度的联合,但主要是合作,如工商联营、引厂进店等。而连锁经营则具有整体性、稳定性的全方位联合,使用同一个店名,具有统一的店貌,而且提供标准化的服务和商品。另外,企业的形象一旦确立就极易在大众的印象中扎根。

所以,连锁经营又是标准化的联合。如果只有店名和店貌的统一而无商品服务的标准化,那就只有连锁经营的"形",而无连锁经营的"神",本质上就不是连锁经营了。同时标准化的作业系统也是连锁经营致胜的基石。因为标准化的作业系统能降低变数,将不可控因素降到最低。

(二)经营方式的一体化和专业化

经营方式的一体化和专业化是连锁经营的核心。连锁经营把流通体系中相互独立的各种零售业职能有机地组合在一个统一的经营体系中,实现了采购、配送、批发、零售的一体化,从而形成了产销一体化或批零一体化的流通格局,提高了流通领域的组织化程度。

同时,由于连锁企业拥有大量的分店,具有大批量销售的市场优势,可以引导供应商真正做到根据市场需求和商业经营者的要求组织生产,从而形成了以大零售业为先导,以大工业为基础的现代经营格局,实现了一体化经营与专业化分工的有机结合。这就从根本上改变了传统的经营方式,这便是连锁经营的核心。

(三)管理方式的规范化和现代化

管理方式的规范化和现代化是连锁经营的基本保证。一体化经营和专业化分工的有效性主要取决于连锁公司的管理水平,这就要求连锁总部强化各项管理职能。规范化和现代化管理是多店铺组织的必然要求,其目的是为了确保连锁门店的统一形象,稳定商品质量和服务质量,简化管理工作提高管理效率,并控制人为因素对经营管理可能造成的不利影响。

为此,连锁总部必须有一套规范的做法,建立专业化职能管理部门、规范化管理制度和调控体系,并配备相应的专业人才。同时,为了使庞大而又分散的连锁经营体系内部的各类机能步调一致地有效运转,还需要运用现代化的管理手段,通过实施网络管理,将整个公司组成一个整体。

第二节　连锁企业经营的模式和组织结构

一、连锁企业经营模式

目前，我国的连锁经营企业根据在资产所有权与合作方式方面的不同，其连锁模式可以分为直营连锁、特许连锁和自愿连锁三种。

（一）直营连锁

直营连锁一般是指同一个资本所有者直接投资连锁分店，这些分店在同一总部管理机构统一领导下，统一经营同类商品或服务的零售业或服务业。

直营连锁有两方面的特点：首先，所有连锁分店都是由同一法人主体投资开办的。其次，连锁企业对各分店具有直接、全面的管理权和控制权。在该连锁模式下，连锁经营企业一般都设有"总部"，即连锁经营企业法人机构的所在部门。由于每个分店都是由该连锁企业直接投资的，因此除了这些连锁分店的资产都属于该连锁企业法人所有之外，连锁企业的总部对各分店在"店名、店貌、采购、配送、经营、价格、人事、财务"等方面都有着直接的、全面的管理权和控制权。例如，各分店的"店长"是由总部直接任命的，任何直营分店的经营活动都不能甩开总部而单独决策，必须在总部的所有管理制度的管理和约束下统一地从事经营活动，每个分店的经营盈亏也由总部直接负责。直营连锁主要适用于零售业，特别是需要巨额的投资和复杂的管理的业态，如大型百货商店和超级市场。直营连锁的实例有链家地产、呷哺呷哺、热风等。

直营连锁经营的优势：

（1）所有权、经营权、管理权高度统一，便于中心的一体化操作，能够建立良好的品牌效应。

（2）可以统一调动资金，统一经营战略，统一开发和运用整体性事业。

（3）作为同一大型商业资本所有者拥有雄厚的实力，有利于同金融界、生产厂商打交道。

（4）在人才培养使用、新技术产品开发推广、信息和管理现代化方面，易于发挥整体优势。

（5）众多的成员店可深入消费腹地扩大销售。

直营连锁经营的劣势：

（1）由于店长的经营管理权限有限，同时各连锁店所在地理位置比较分散，因此对各店的经营业绩的考核有一定难度。

（2）成员店因自主权小，因而在积极性、创作性和主动性方面受到限制。

（3）需要拥有一定规模的自有资本，故发展速度受到限制。

（4）大规模的直营连锁店管理系统庞杂，容易产生官僚化经营，使企业的交易成本大大提高。

（二）特许连锁

特许连锁又称"特许加盟连锁"，产生于美国，美国商务部对特许连锁的规定是：主导企业把自己开发的商品、服务和营业系统（包括商标、商号、经营技术、经营区域等），以营业合同的形式授予加盟店在规定区域内的经销权和营业权。加盟店则交纳一定的营业权使用费，承担规定的义务。在该连锁模式下，总部对加盟店拥有经营权和管理权，加盟店拥有对门店的所有权和收益权。加盟店具备法人资格，实行独立核算。特许连锁的核心是特许权的转让，特许人（总部）是转让方，受许人（加盟商）是接受方，总部与加盟商是合同关系。特许连锁适用于制造业、服务业、餐饮业及便利店之类的小型零售业等。特许经营的实例有福奈特洗衣、7天连锁酒店、环球雅思等。

特许连锁的优势：范围广，渗透力强，可以在降低投资风险、减轻人力负担的前提下得到迅速扩张，且成功率高。

特许连锁的劣势：不容易控制和管理受许人，特许经营合同限制了策略和战略调整的灵活性，在特许经营地区内企业扩展受到限制，且难以保证受许人产品和服务质量达到统一标准，企业的核心能力可能因受许人的违约而流失。

（三）自愿连锁

自愿连锁，又称"自愿加盟连锁""自由连锁"或"共同连锁"，一般是指一些经营业务相同的商业企业，在激烈的商业竞争环境中，为了达到降低经营成本、提高商品采购规模、增强市场竞争能力的目的，以某个有实力的企业为主导，联合若干其他企业或若干地位相等的企业，共同协商、自愿联合、签订合同，在保持各自企业法人地位独立、财产独立、财务独立、人事独立的前提下，在店名、店貌、采购、进货、配送、经营、销售和服务等方面实行统一、规范的管理，组成一个连锁经营体系，共同经营同类业务的连锁形式。

自愿连锁经营体系的构成是：总部＋若干自愿连锁分店（都是独立的企业法人）。总部是自愿连锁体系的最高管理机关，一般由实力较强的主导企业担任总部角色，也可以由自愿连锁体系中的企业共同平等协商、共同出人出资，构建一个总部。在自愿连锁经营体系下，每个分店一般都是业务相同的企业，它们必须在总部所规定的"统一店名、统一店貌、统一采购、统一配送、统一经营、统一价格、统一管理"下从事经营活动。但各自愿加盟连锁分店的"财产权""财务权"和"人事权"属于各自愿加盟分店所有，总部企业无权管理。当然，各自愿加盟连锁分店的盈亏也由各分店自主承担，总部没有分享和分担的权利和义务。自愿连锁的实例有湖北雅斯、山东家家悦、湖南步步高等。

自愿连锁的优势：各店有充分的经营自主权，更能适应市场的竞争。

自愿连锁的劣势：各店的开设成本比较高，工商税务程序烦琐。

这三种连锁模式，每一种都有其自身的特点、优缺点及适用性。在实际操作中，很多连锁企业往往采用其中的两种或三种模式混合使用。

三种连锁经营模式的比较，如表1-1所示。

表1-1　三种连锁经营模式的比较

项目	直营连锁	特许连锁	自愿连锁
资金来源	总部出资	加盟店出资	成员店出资
所有权	集中在总部	分散在总部和各加盟店	集中和分散并存，成员店共有总部资产，且各自拥有本成员店资产
经营权	非独立	独立	独立
决策	总部作出	以总部为主，加盟店为辅	参考总部旨意，门店有较大自主权
门店自主性	分店自主性小	加盟店自主性小	成员店自主性大
商品供给来源	总部供应	总部供应	大部分总部供应，部分成员店自己进货
价格管理	总部定价	原则上总部定价	成员店自行定价
促销	总部统一实施	总部统一实施	成员店决定是否加入
门店店长	总部任命	加盟店的店主	成员店的店主
总部对门店的指导	按照营运手册实施	按照营运手册实施	仅要点式地指导
教育训练	全套训练	全套训练	自由利用
合同规定加盟时间	无	多为5年以上	多为1年
利益分配	总部统一核算分配	加盟店享受进货价格优惠，按销售额向总部缴纳特许经营使用费	成员店享受进货价格优惠，向总部缴纳业务指导费，总部返还一部分利润给成员店
约束强度	总部对分店实施直接且强硬的约束	总部对加盟店的约束较强	总部对成员店的约束较弱
外观形象	完全一致	完全一致	完全一致
适用性	大型超市、标准超市、仓储会员店、百货店、专卖店、家具建材店等	专卖店、加油站、便利店、餐饮业	小型食品杂货店、便利店、折扣店等

二、连锁企业的组织结构

连锁企业的组织结构分为两种形式，分别是：总部—门店两个层次，总部—地区分部—门店三个层次。门店与总部是构成连锁企业的最基本要件。

（一）连锁总部

连锁总部是为门店提供服务的单位，通过总部的标准化、专业化、集中化管理使门店作业单纯化、高效化。其基本职能主要有：政策制定、店铺开发、商品管理、促销管理、店铺督导等，由不同的职能部门分别负责。

总部组织机构的设置，如图1-1所示。

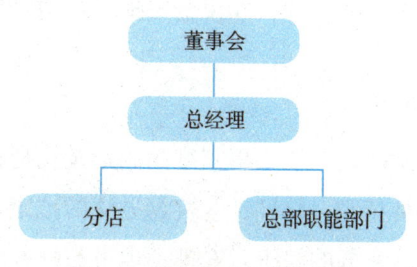

图1-1 总部组织机构的设置

一般说来，连锁总部包括的职能部门主要有：开发部、营业部、商品部、财务部、管理部、营销部等。连锁总部职能部门的组织机构，如图1-2所示。

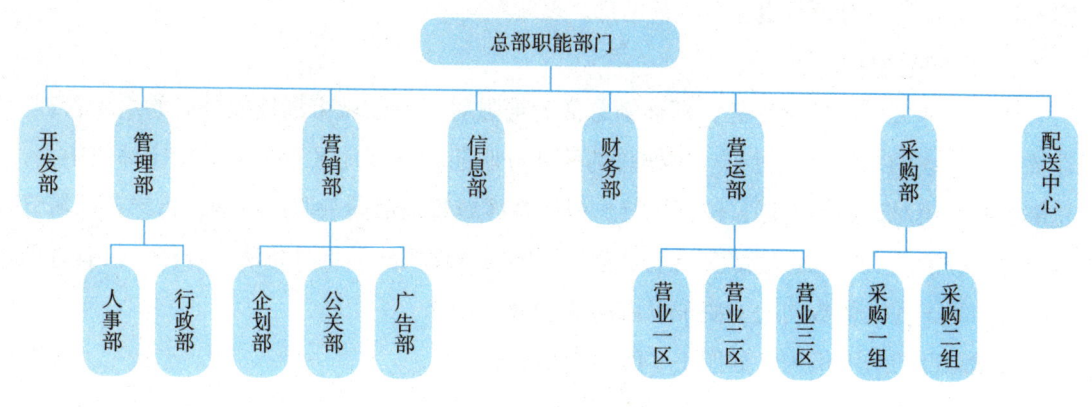

图1-2 总部职能部门的组织机构设置

总部的各职能部门承担确定采购标准、销售价格、促销计划等任务，具体任务如下：
（1）开发部的职能。
包括：①开设新店或发展加盟店时进行商圈调查；②制定选址标准、设备标准和投资标准；③决定自行建店、买店或租店；④开店流程安排及进度控制；⑤开店工程招标、监督及验收；⑥新开分店的设备采购与各分店设备的维修保养；⑦新开分店的投资效益评估。

（2）营业部（营运部）的职能。

包括：①各分店营业目标和总的营业目标的拟定及督促执行；②对分店的经营进行监督和指导；③编制营业手册并监督、检查其执行情况；④营业人员调配及工作分派；⑤门店经营情况及合理化建议的反馈与处理。

（3）商品部（采购部）的职能。

包括：①商品组合策略的拟订及执行；②商品价格策略的拟订及执行；③商品货源的把握、新产品开发与滞销商品淘汰；④配送中心的经营与管理。

（4）财务部的职能。

包括：①融资、用资、资金调度；②编制各种财务会计报表；③审核凭证、账务处理及分析；④每日营业核算；⑤发票管理；⑥税金申报、缴纳，年度预决算；⑦会计电算化及网络管理。

（5）管理部（行政部）的职能。

包括：①企业组织制度的确定；②人事制度的制定及执行；③员工福利制度的制定与执行；④人力资源规划，人员招聘、培训；⑤奖惩办法的拟定及执行；⑥企业合同管理及公司权益的维护；⑦其他有关业务的组织与安排，也可与财务部合并。

（6）营销部的职能。

包括：①分店商品配置、陈列设计及改进；②促销策略的制定与执行；③企业广告、竞争状况调查分析；④企业形象策划及推出；⑤公共关系的建立与维护；⑥新市场开拓方案及计划的拟订，可单设也可并入营运部。

（二）地区分部

地区分部又叫区域管理部，即连锁总部为加强对某一区域市场连锁分店的组织管理，在该区域设立的二级组织机构。这样总部的部分职能转移到地区管理部的相应部门中去，总部主要承担对计划的制订、监督执行，协调各区域管理部同一职能活动，指导各区域管理部的对应活动。地区管理部实质上是总部派出的管理机构，不具备法人资格，仅有管理与执行功能，在大多数问题上决策仍由总部做出。

区域总部的组织机构，如图1-3所示。

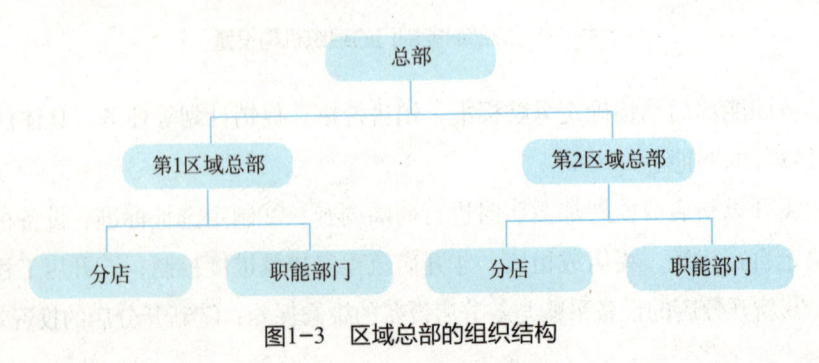

图1-3　区域总部的组织结构

(三）门店

门店是总部政策的执行单位，是连锁公司直接向顾客提供商品及服务的单位。其基本职能是：商品销售、进货及存货管理、绩效评估。

商品销售是向顾客展示、供应商品并提供服务的活动，是门店的核心职能。进货是指向总部要货或自行向由总部统一规定的供货商要货的活动，门店的存货包括卖场的存货（即陈列在货架上的商品存量）和内仓的存货。经营绩效评估包括对影响经营业绩的各项因素的观察、调查与分析，也包括对各项经营指标完成情况的评估以及改善业绩的对策。

门店的组织结构，如图1-4所示。

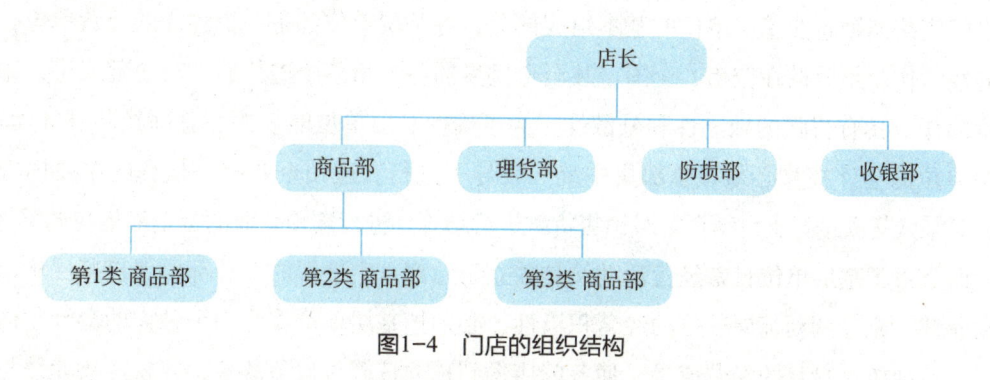

图1-4　门店的组织结构

门店是连锁经营的基础，承担具体实施的执行功能，按各职能部门的设计进行销售。

如果是直营连锁，总部与门店是上下级关系。如果是特许连锁、自愿连锁，则总部与门店之间是一种经济合同关系，在法律上是平等的，在业务上是合作的，在运营上是指导与被指导的关系。

第三节　连锁企业会计核算的特点和形式

一、连锁企业会计核算的特点

连锁企业的商业组织形式决定了其会计核算不同于一般商品流通企业的会计核算。这种不同之处主要体现在如下三个方面：

（一）对集中采购和分散销售核算的要求

商品采购和商品销售分别是商业企业经营活动的起点和终点。与传统的商品流通企业不同，连锁企业的商品采购都集中在总部统一进行，而商品销售是通过数十、数百甚至数千家门店来实现的。为了实现总部采购和门店销售之间的连接，在连锁企业中往往需要一个配送中心，专门负责商品采购、储存、分拣、发送等工作。为了顺应连锁企业的这种经营方式，会计核算和财务管理上自然要解决如何集中总部采购所需巨额资金、如何对分散销售形成的现金流进行有效控制和管理、对营业费用实施分级监控等问题，做到既保证总部对门店的控制权又能充分调动各门店经营管理的积极性。连锁企业会计核算应该充分体现其经营特点和管理要求。

（二）对基层单位核算的要求

连锁企业一般由门店、配送中心、运输队和加工厂等各种不同类型的基层单位组成，其中门店是连锁企业基层单位的基本组成部分，各基层单位都是一个独立的经营单位，它们的经营作业是分散在全市、全国、甚至全世界的各个角落中进行的，对总部来讲，基层单位的作业具有很强的独立性和分散性。为了确保基层单位能够按照总部经营方针运转，基层单位的会计核算必须在总部集中统一领导下进行。连锁企业统一核算的主要内容包括：对采购货款进行支付结算、对销售货款进行结算、进行连锁企业的资金筹集与调配等。

但是由于基层单位日常经营活动又是独立于总部自主进行的，总部要考核基层单位的经营业绩，充分调动基层单位的经营积极性，必须把基层单位作为一个独立的会计主体来看待，单独核算自身的经营成果，使各门店做到独立核算、自负盈亏，并将经营业绩与个人收入紧密结合在一起。从而在总部层面上真正实现销售最大化、损耗最小化的管理目标。

（三）对连锁企业会计核算制度的要求

不同类型的连锁企业因为经营特点、组织机构和商品流程等方面的不同，要有适合自身经营特点的企业内部会计制度。但目前关于连锁企业的会计核算制度还没有专门的规范，所以，为了明确总部和基层单位之间的核算关系，加强连锁企业的内部控制，总部应当在国家统一的企业会计准则和企业会计制度指导下，根据企业自身的具体情况制定统一的企业内部会计核算制度，在制度中应当明确规定连锁企业总部和基层单位在核算过程中使用的会计科目名称与编号、会计凭证在企业内部的传递程序、会计报表的内容和格式、各种不同类型会计信息的报送时间和报送要求，以及企业内部会计核算和监督方法，明确基层单位会计应予入账的会计事项，等等。

二、连锁企业会计核算的形式

（一）连锁企业总部的会计核算形式

连锁企业总部会计核算的形式可以分为集中核算和分口核算这两种形式。集中核算是指连锁企业中全部核算业务都集中在总部财务部门进行，主要是指商品、总部经费、基本建设等核算业务集中在总部财务部门，不另设会计单位。分口核算则是指以企业财务部门为中心，分别在总部采购部门设商品会计组，在办公室设机关经费会计组。月末由总部财务部门汇总编制会计报表。集中核算对于简化会计处理、集中资金使用等方面有好处，而分口核算则便于贯彻资金分口管理原则，加强各业务部门的经济责任制，并使总部财务部门从日常的会计事务中解脱出来，以加强对全企业财务会计工作的检查和督导。

（二）连锁企业门店的会计核算形式

连锁企业门店会计核算的主要内容是对商品销售情况进行记录和反映，包含商品销售收入、销售成本以及与此相关的营业费用等，其会计业务比较单一，因此，规模较大的门店可以设置独立的财务组，专门负责该门店相关经济业务的核算；规模较小的门店，可配备专门的财会人员或核算员进行核算。

（三）连锁企业总部与门店之间业务往来的会计核算形式

连锁企业在选择并确定总部与基层单位之间业务往来核算的组织形式时，可以选择独立核算形式或非独立核算形式。

（1）独立核算方式。

独立核算方式指总部实行独立的、部分统一的会计核算，基层门店实行相对独立的会计核算。在这种核算方式下，总部和基层门店都应设立独立的会计机构。总部通过投资活动与基层门店形成各自的经济关系，总部的投资额计入"长期股权投资"科目，基层店收到投资增加"实收资本"科目。总部对经营所需商品实行集中统一采购，按需要为下属基层店统一配送商品。按内部商品价格进行结算，并按配送额开具增值税专用发票（一般纳税人）或普通发票。基层门店凭发票增加库存，按独立会计进行核算，月末计算并结转当期经营成果，编制财务会计报告，将当期实现的利润上缴总部。总部收到基层门店上报的利润和财务会计报告后，编制合并会计报表。

（2）非独立核算方式。

非独立核算方式是指总部实行独立的、统一的会计核算，基层门店不单独进行会计核算，经营中发生的各项经营费用，均向总部报账核销。在这种会计核算方式下，总部会计机构应对各基层店的经营过程实行内部会计核算，以考核其经营成果，确定其劳动报酬，根据经营需要为各基层门店建立定额备用金制度，基层店实行报账制，不设会计机构只设一名核算员，可以设置部分辅助会计账簿，负责上缴经营收入、核算本部门的经营费用、发放人员工资、保管本部门使用的备用金等。总部拥有本企业的全部经济资源或控制权，总部对经营所需商品实行集中统一采购，按下属基层门店经营需要统一配送，库存商品的实物转移时，只对其明细科目进行调整。基层门店开展经营活动取得收入，全部上缴总部。总部编制个别会计报表。

随着基层单位的发展，基层单位的经营规模日益扩大，不建立和健全比较完整的基层会计组织，是不能适应客观形势发展需要的。所以，本书选择独立核算形式作为连锁企业会计核算的组织形式加以叙述。

三、独立核算形式（往来制）下账户的设置

在独立核算形式下，会计核算既要将总部和门店连接成一个会计核算整体，又要使总部、各个门店和其他基层单位成为独立的会计主体，以明确总部和各个基层单位之间的经济责任。因此，在会计核算中必须设置"基层往来"和"总部往来"账户。

（一）总部设置"基层往来"账户

在总部财务部门，要设置"基层往来"账户。"基层往来"账户应按基层单位名称、门店名称或者编号设置明细账。连锁企业基层单位的类型很多，有门店、配送中心、加工厂、运输车队等，但是其主干部分应当是门店。

"基层往来"账户的借方记录和反映总部拨付给基层单位的资金和代付的各种费用，具体记载内容有：拨付给门店的商品；拨付给门店和其他基层单位的现金（银行存款）；拨付给门店和其他基层单位的固定资产和其他资产；代门店和其他基层单位支付的各种费用等。贷方记录和反映总部从基层单位收回的资金，具体记载内容有：由门店交来的销售营业款；门店退回总部的商品；从门店和其他基层单位调回的固定资产和其他资产；等等。其账户结构如图1-5所示。

基层往来

借方：记录核算总部拨付给基层单位的资金，如： ①拨付给门店的商品； ②拨付给门店和其他基层单位的现金或银行存款； ③拨付给门店和其他基层单位的固定资产和其他资产； ④代门店和其他基层单位支付的各种费用等	贷方：记录核算总部从基层单位收回的资金，如： ①由门店交来的销售营业款； ②门店退回总部的商品； ③从门店和其他基层单位调回的固定资产和其他资产等

图1-5 "基层往来"账户

（二）基层单位设置"总部往来"账户

在基层单位要设置一个对应的账户——"总部往来"账户。该账户的借方记录和反映基层单位退还或者转给总部的资金以及通过总部调拨给其他基层单位的各种资产，具体内容有：向总部退回商品或者向其他门店调拨商品；将营业款送交总部；总部从本单位调出的固定资产和其他资产；通过总部调拨给其他基层单位的商品、资金、固定资产或者其他资产；等等。该账户的贷方记录和反映总部拨给基层单位的资金、通过总部从其他基层单

位调入的各种资产等以及总部代基层单位支付的各种费用等，具体内容有：收到总部拨来的商品；收到总部拨来的现金（银行存款）；收到总部拨来的固定资产和其他资产；通过总部从其他基层单位调入的商品、资金、固定资产或者其他资产；总部代基层单位支付的各种费用等。其账户结构如图 1-6 所示。

总部往来

借方：记录核算基层单位退还或者转给总部的资金，如：
①向总部退回商品或者向其他门店调拨商品；
②将营业款送交总部；
③总部从本单位调出固定资产和其他资产；
④通过总部调拨给其他门店或者其他基层单位的商品资金、固定资产或者其他资产等

贷方：记录和反映总部拨给基层单位的资金，如：
①收到总部拨来的商品；
②收到总部拨来的现金或银行存款；
③收到总部拨来固定资产和其他资产；
④通过总部从其他门店或者其他基层单位调入的商品、资金、固定资产或者其他资产；
⑤总部代门店支付的各种费用等

图1-6　"总部往来"账户

可见，"总部往来"账户作为结算账户，若是借方余额，相当于门店对总部的债权；若是贷方余额，相当于门店对总部的债务。

总部"基层往来"账户与门店"总部往来"账户是对应账户。两者核算内容相同，只是记账方向相反。总部的"基层往来"账户统御门店的"总部往来"账户。总部在编制企业会计报表时，应当将这两个账户的余额予以抵销，以免重复计算。

第二章
连锁企业内部会计管理与控制

连锁企业经营管理,主要是指经营同类商品或服务的若干企业以一定的形式组成的一个联合体,其中企业内部会计管理是其经营管理的一项重要而复杂的环节。连锁企业由于其经营的特殊性,随着连锁规模的不断扩大,企业内部会计管理与控制的问题不断出现,成为企业发展新的障碍,影响了企业经营管理水平和风险防范能力。而所谓的内部控制,主要是指在内部互相监督的基础上,通过管理人员在经营过程中不断完善和创新,将经过相关审计和监督人员的工作,逐步完善的企业内部自我管理、自我监督、自我调整的完整体系。而针对连锁企业内部会计管理与控制中出现的问题,主要涉及货币资金的控制、存货管理控制以及储存销售环节的控制,这些环节是连锁企业的"血管",对于连锁企业的健康运行和发展具有至关重要的作用,在本章中我们就对以上问题详细讲解并提出解决方案。

本章导读

1. 了解货币资金控制的内容与方法
2. 掌握备用金管理与控制
3. 掌握资金盘点流程
4. 掌握存货管理与控制的内容
5. 了解储存期控制

6. 学会销售管理与控制的内容
7. 了解连锁经营企业销售收入管理
8. 掌握连锁经营企业成本费用控制的管理
9. 了解信用标准的确定

第一节　货币资金管理与控制

货币资金是企业资产的重要组成部分，是企业进行生产经营活动的基本条件，是企业生存和发展的经济基础。货币资金控制是企业为保证货币资金信息的准确可靠而采取的一系列相互制约与协调的方法、措施和程序。由于货币资金具有高度的流动性和风险性，且货币资金对于连锁零售企业至关重要，是连锁企业资产流动性最强的资产，企业从事经营活动离不开货币资金的支持，如购买商品、支付工资、偿还债务等，没有货币资金的储备，就无法保证企业经营活动的正常运行。因此，加强企业货币资金管理与控制，对于保障资产安全完整、提高资金周转速度和使用效益，具有非常重要的意义。

一、货币资金控制的内容与方法

对货币资金的控制可以从以下几个方面着手：

（一）岗位分工控制

企业货币资金业务控制的基本要求是钱账分管，即经营货币资金业务的人员和记录货币资金业务的人员要分离。

（1）建立货币资金业务的岗位责任制，明确相关部门和岗位的职责权限。

（2）出纳不得兼任稽核、会计档案保管和收入、支出、费用、债权、债务账目的登记工作。

通过上述规定来确保办理货币资金业务的不相容岗位相互分离、相互制约、相互监督。

（二）授权批准控制

（1）明确审批人员对货币资金业务的授权批准方式、权限、程序、责任和相关控制措施。

（2）明确经办人办理货币资金业务的职责范围和工作要求。

（3）严格按照申请、审批、复核、支付的程序办理货币资金的支付业务。

（三）资金预算控制

编制资金预算是对企业一定时期内货币资金流入和流出的统筹安排。资金预算编制的准确性直接影响企业货币资金的流转和利用效率，甚至影响企业的生产经营。因此，企业应加强货币资金预算的可靠性控制，避免或减少预算编制的主观性和随意性，同时加强预算执行监督，定期进行差异比较，并对重大预算差异进行分析、调整。

（四）库存现金控制

企业库存现金必须控制在规定限额内，做到"日清月结"。主管部门和负责人应定期和不定期进行现金清查，清查的主要内容是检查账款是否相符，是否有白条抵库、留存现金超限额等现象；现金清查结束后，编制"现金盘点报告单"，注明现金溢缺的金额，并由出纳人员和盘点人员签字盖章。同时还要做到以下几点：

（1）明确现金开支范围并严格执行。

（2）现金收入及时存入银行，严格控制现金坐支，严禁擅自挪用、借出货币资金。

（3）实行收支两条线管理制度，不准坐支现金。

（五）银行存款控制

企业银行存款账户的开立和注销必须有正式批准手续，防止个人利用开设银行账户牟取私利等行为的出现。

（1）加强银行账户管理，分别设立基本户和一般存款户，并按规定办理存款、取款结算。

（2）为避免银行存款账目发生差错，月份终了，应将银行存款账和银行对账单进行核对，并编制银行存款余额调节表。对核对中发现的双方记账差错，应及时进行更正或通知对方更正。对银行未达账项应及时调整，防止因未达账项调整不及时而出现会计差错和舞弊行为。

（六）票据控制

加强与货币资金相关的票据管理，明确各种票据的购买、保管、领用、背书、转让和注销等环节的职责权限和程序，并设立登记簿进行记录，以防止空白票据遗失和被盗用。

（七）财务印章控制

（1）财务专用章应由专人保管，个人名章应由本人或其授权人员保管。严禁一人保管支付款项所需的全部印章。

（2）按规定需要有关负责人签字或盖章的经济业务，必须严格履行签字或盖章手续。

（3）制定印章管理规定，下发印章保管人岗位责任制。

（八）监督检查

（1）定期检查货币资金业务相关岗位及人员的设置情况。

（2）定期检查货币资金授权批准制度的执行情况。

（3）定期检查印章保管情况。

（4）定期检查票据保管情况。

（5）通过企业内部银行或企业ERP系统及时掌握企业每日货币资金收支情况。

（九）信息反馈

建立畅通无阻的信息反馈机制和反馈渠道，对资金的控制、管理起着至关重要的作用。譬如在日本松下总部，每天18：00到20：00，都可以看到中国区的产品销售报表。

通过资金日报、销售日报等信息的及时、迅速传递而及时掌握货币资金的运行动态，从而实现了资金的掌控。

（十）做好结账及对账工作

货币资金控制的一个重要内容就是要对货币资金做到日清月结，认真登记日记账；同时做好货币资金的对账工作，定期复核记账凭证。如做好日记账与总账的核对、日记账与相关明细账的核对、银行存款日记账与银行存款对账单的核对等，并及时进行稽核工作。

二、备用金管理与控制

备用金是指企业预付给职工和内部有关单位用作差旅费、零星采购和日常零星开支事后需要报销的款项，备用金的形式如表 2-1 所示。为了防止浪费和挪用公款，必须建立备用金的预借、使用和报销制度，并严格加以执行。如果企业备用金业务很少，可不设立"备用金"科目，通过"其他应收款——备用金"科目进行核算，账务处理方法与上面一致。

表 2-1　备用金的形式

备用金的形式	含义及特点	相关内容
定额备用金	为了满足企业有关部门日常零星开支需要的备用金，一经核定不得随意增减 特点：一次领用、定期报销、简化核算、补足定额	领用部门应设置"备用金登记簿"，逐笔序时登记提取和支出情况，并按时将款项支出的单据送交财会部门报销后，财会部门再给予补足定额
非定额备用金	用款单位根据实际需要向财会部门借款，凭各种支付凭证向财会部门报销时，作为冲减备用金处理，如需再用，重新办理借款手续	适用于预借差旅费等备用金的管理

在连锁企业中，为了不影响商品销售的找零工作，门店一定要有足够的零用金。零用金是专门用于收款找零而准备的现金，这笔现金永远沉淀在门店中，不用上交总部，但总部必须对这笔零用金进行控制和管理。对于这笔零用金的控制和管理，总部就一般采用备用金的形式进行。

（一）连锁企业备用金的核定

连锁企业应根据门店人员编制及开支标准等实际需要核定各门店 3~5 天所需备用金。门店根据定额领用备用金时，必须填写借款单，经批准后办理借款。备用金需妥善保管，如造成损失，由当事人负责赔偿。年终，备用金一律结清收回，次年年初重新办理。

备用金采用小额现金账户形式，此账户只支不收。备用金支付完毕前，门店应及时报账，以补足核定的备用金。

（二）备用金的使用和管理

总部根据所属门店具体情况核拨定额备用金。备用金分为信用卡和备用现金两种形式。信用卡用以支付银行结算起点以上的经济业务，备用现金用以支付现金支出业务。

各基层单位的信用卡和备用现金由财务联系人妥善保管，并设置备用金登记薄，记录备用金的领用、报销及开支情况以备查证。财务联系人对备用金的安全负完全责任，并应主动配合企业对备用金的实际结存情况进行检查，按时向财务部门提供备用金盘存表。

（三）备用金的领取与清理业务

基层单位根据定额领用备用金时，必须填写借款单，经批准后办理借款。年终，备用金全部结清收回，次年年初重新办理。

各基层单位用于支付日常零星费用的备用金一般每月报销1次；退货款备用金一般每月报销3次；其他经批准的备用金开支一般1周报销1次，以补足备用金。

备用金的使用有严格的规定，必须专款专用，不允许一款多用或多笔备用金交叉使用。借支备用金必须写明款项的用途，报账冲销的内容要和借款时填写的用途一致。一笔备用金未使用完，要及时报账冲销，不能挪作其他用途。

三、资金盘点流程

资金盘点包括对库存现金、银行本票、银行汇票等货币资金的盘点。出纳人员应做到日清月结，每天业务结束后清理自身经管的资金，检查账实是否相符。每月对资金进行一次全面盘点，以防止资金舞弊情况的发生。资金盘点流程如图2-1所示。

准备工作 —— 清点工作 —— 审核工作 —— 账务处理

图2-1 资金盘点流程

（一）准备工作

出纳员将已办理但未登记完毕的经济业务应予及时登记，结算出现金、银行本票和银行汇票等的账面余额并加以核对。

（二）清点工作

出纳员对库存现金、银行本票和银行汇票等进行实物清点。每月最后一天在规定的时间（一般为下班之前，如17:00），会计员对出纳员的清点进行复核。主管会计监控出纳员的清点和会计员的复核工作。盘点结束后编制资金盘点表，由参与盘点的有关人员签字确认。若盘盈或盘亏，则由主管会计查明原因，并在资金盘点表中注明。

（三）审核工作

主管会计审核资金盘点表的准确性，然后交财务总监审核，财务总监审核后应对盘盈、盘亏提出处理意见并上报总经理。

(四)账务处理

经总经理确认后,出纳员、会计员分别作出相应账务处理。

第二节　存货管理与控制

一、存货管理与控制的内容

存货是企业在生产经营过程中为销售或耗用而储存的各种资产。连锁经营企业存货的管理包括采购、入库储存、发货等环节。为了保护存货的安全、完整,确保会计信息的准确可靠,降低存货成本,提高经营效率,必须以职责分工为基础设计实施对存货管理进行制约和协调的一种内部管理制度。存货管理与控制的内容包括以下几个方面:

(一)采购业务的管理

(1)职能分工控制。

连锁经营企业应将存货采购业务交由专门部门负责,建立采购业务岗位责任制,明确采购工作任务、工作程序及工作责任。防止因职责不清,出现错误、舞弊等情况。

(2)授权批准控制。

存货业务的授权批准制度包括对审批人员和经办人员的控制。销售部门提出要货计划,包括需货的品名、规格、数量、需货时间,经部门负责人批准后,交由采购部门编制采购计划,经主管领导人批准采购计划书后,由采购部门落实进行采购。采购人员必须按经领导批准的采购清单采购,无论从数量和品种、规格和单价都无权擅自决定。企业最高管理当局授权实物管理部门或专门检验机构对仓储的商品、包装物、低值易耗品进行检验,如有数量、质量等问题,可以拒收。若因市场原因需要修改采购清单时,必须经主管领导人员批准或授权。同时还要注意以下几点:①除实物管理部门及仓储人员外,其余部门和人员接近存货时,应有特别授权;②库存商品发出需要经过有关部门的批准;③相关人员因故暂时外出,若其职责在外出期间需要行使时,可将职权授权他人代为执行。

(3)采购合同控制。

存货采购应尽量与供应商签订订购合同,以保证按期、按量、按质购入存货,以满足企业生产经营业务的需要。采购合同应经企业法人或法人授权人签发生效。

（4）建立询价制度。

由于市场供需价格千变万化，要有专门业务部门或人员负责存货价格、供需要求等调研、询价工作，以控制成本、降低风险。

（二）存货采购环节的控制

连锁企业必须指定专人或机构负责采购，对采购商品的质量和价格负责。采购的执行人必须与仓储、会计、验收人员相分离。此外，存货采购环节的控制如图2-2所示。

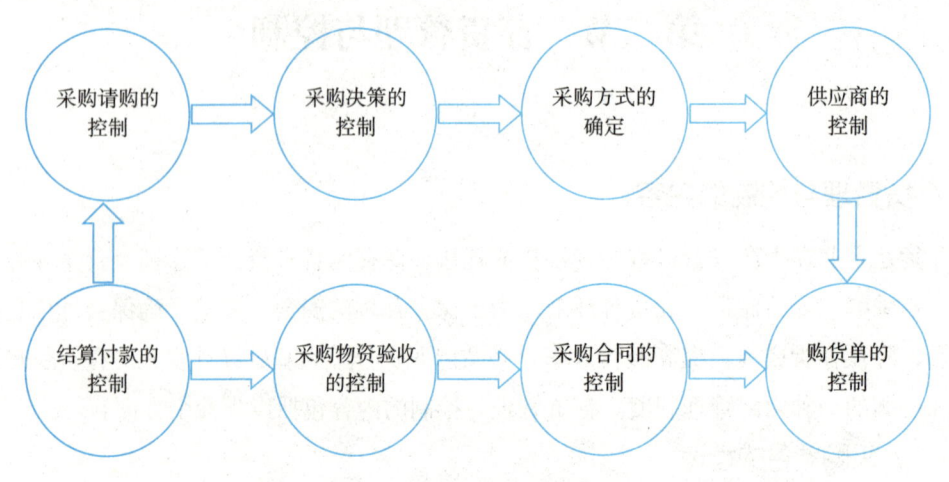

图2-2 存货采购环节的控制

（三）存货入库与储存的管理

企业订购的存货送达后，要经质检部门和有关业务部门根据存货的商品运单、发票、采购合同以及产品生产厂家提供的质检单、出库单、说明书加以审查验收，若发现问题，则按所签订的合同，由企业有关部门和人员处理解决。

所购商品等存货经质检部门审查后验收入库，仓库保管员应依据入库单核对实物，查明其规格、数量，是否与入库单相一致，并签字确认，并建立保管责任制，防止存货丢失、毁损、变质，保证存货的安全。要建立存货分类管理制度，对重要的存货要采取特别控制措施，如图2-3所示。

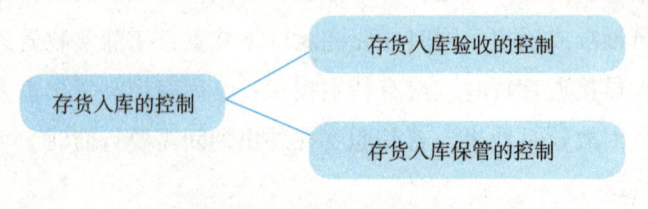

图2-3 存货入库的控制

存放商品的仓库要做到：①创造安全条件。仓库应具有防盗、防火、防潮等具体防护措施。②规范存放秩序与位置。如分区保管、定位存放、五五成行、快速记数等。

(四) 存货发出业务的管理

存货发出要有授权批准制度，存货保管部门要认真核对经批准的出库单，核对无误后发出存货，并在出库单上签字，同时保存相应联次备查。这里需强调的是出库单应一式多联，并一次填写完成，然后由不同部门分别保存，以定期核对。

存货管理建议使用 POS 系统（销售时点系统）。POS 系统对每种商品实时购销存状态随时记录，管理者可通过该系统及时监控业务经营状态，并做出各种采购及库存决策。进行存货管理的部门是商品配送中心。

总的来说，直营连锁的存货管理原则如下：

（1）除保鲜期短或鲜活商品外，总部和地区总部要对所经营的商品进行统一采购、统一配送、统一核算。总部对地区总部的商品配送，作为销售处理。总部或地区总部配送给各门店的商品，作为内部移库处理，其计价可以采取成本加一定费用计价法、成本加一定比例的毛利计价法、市场售价计价法和协议计价法。计价方式的选择，应遵循便于管理、便于考核和调动各方面积极性的要求。

（2）总部或地区总部所在城市的门店经营的保鲜期短或鲜活商品，由总部统一采购、结算，直接配送到门店；不宜统一配送的商品，由门店到总部或地区总部指定的生产点取货，或在总部或地区总部规定的渠道和价格浮动幅度内由门店用备用金直接采购、按规定向总部或地区总部报账。

（3）总部或地区总部对门店实行售价金额核算，进价数量控制。门店每月对商品进行盘点，建立实物负责制度。总部或地区总部要核定商品损耗率，超额损耗部分，由总部或地区总部从门店的工资或奖金总额中扣除。门店要根据销售情况和市场需求，及时提出调整商品结构的建议，对接近保质期的商品经常清理，以便总部或地区总部及时调换。

（4）对低值易耗品等其他流动资产的管理，要明确总部和门店的管理权限，实行分级管理。

二、储存期控制法

企业持有充足的存货，虽然有利于生产过程的顺利进行，节约采购费用与生产时间，满足客户定货的需要，为企业的生产与销售提供较大的机动性，避免因存货不足带来的机会损失。然而并不是说，存货越多，企业的获利能力就超强，因为存货的增加要占用较多的资金，使企业付出更大的持有成本，存货费用也会增加，影响企业获利能力的提高。

企业的存货费用按照与储存的时间关系可以分为固定储存费和变动储存费两类，前者包括进货费用和管理费用，其金额多少与存货储存期的长短有直接关系，后者包括存货资金的占用费、存货仓储管理费和仓储损耗等，其金额随存货期的变动成正比例变动。

储存期控制法就是企业为了加强存货的日常管理，在保证企业生产经营正常进行的前提下，尽量减少库存，防止积压，根据本量利的平衡关系，推导出企业获利与储存期的正比变动关系，从而将库存货物有效控制在保利期内，实现预期的目标利润的一种存货日常管理方法。下面我们介绍储存期控制法的基本原理。

（一）本量利公式

利润=毛利-销售税金及附加-固定储存费-每日变动储存费×储存天数

将上述公式稍作整理变为：

存货储存天数=（毛利-利润-销售税金及附加-固定储存费）/每日变动储存费

（1）当利润=0时，储存天数为保本储存天数，即：

存货保本储存天数=（毛利-销售税金及附加-固定储存费）/每日变动储存费

（2）当利润=目标利润时，储存天数为保利储存天数，即：

存货保利储存天数=（毛利-销售税金及附加-固定储存费）/每日变动储存费

（二）举例如下

（1）批进批出的存货控制。

商品流通企业购进甲商品2 000件，单位进价100元（不含增值税），单位售价120元（不含增值税），经销该批商品的一次费用为2 000元，若货款均来自银行贷款，年利率10.8%，该批存货的月保管费用率为3‰，销售税金及附加为1 600元（一年按360天计算）。要求：

①计算该批存货的保本储存期；

②若企业要求获得3%的投资利润率，计算保利储存期；

③若该批存货实际储存200天，问能否实现3%的目标投资利润率，差额多少；

④若该批存货亏损4 000元，求实际储存天数。

计算过程如下：

①每日变动储存量=购进批量×购进单价×日变动储存率=2 000×100×（10.8%/360+3‰/30）=80（元）

保本储存天数=(毛利-固定储存费-销售税金及附加)/每日变动储存费=[（120-100）×2 000-20 000-1 600]/80=230（天）

②目标利润=投资额×投资利润率=2 000×100×3%=6 000（元）

保利储存天数=（毛利-固定储存费-销售税金及附加-目标利润）/每日变动储存费=[（120-100）×2 000-20 000-1 600-6 000]/80=155（天）

③批进批出经销该商品实际获利额=每日变动储存费×（保本储存天数-实际储存天数）=80×（230-200）=2 400（元）

实际利润率=（2 400/100×2 000）×100%=1.2%

差额为3%-1.2%=1.8%

④因为：该批存货获利额＝每日变动储存费×（保本储存天数－实际储存天数）

所以：实际储存天数＝保本储存天数－该批存货获利额／每日变动储存费＝230－（－4 000/80）＝280（天）

（2）批进零售的存货控制。

企业购进 A 型存货 2 000 件，购进单价 1 000 元（不含增值税），该款项均来自银行贷款，月利率 12‰，企业月存货保管费用 13 500 元，存货购销的固定储存费 200 000 元。据市场调研反馈信息表明，该存货日均销量约 12 件，需 167 天左右的时间方能全部售出，单位售价（不含增值税）1 250 元。销售税及附加 125 000 元。

①计算该存货的平均保本储存天数。

②计算该存货的平均实际储存天数。

③预计该批存货可获利润是多少。

计算过程如下：

①每日变动储存费＝购进批量×购进单价×每日利率＋每日保管费用＝2 000×1 000×（12‰/30）＋（13 500/30）＝1 250（元）

A 存货的平均储存保本天数＝［（1 250－1 000）×2 000－200 000－12 500］/1 250＝140（天）

② A 存货平均实际储存天数＝0.5×（购进批量／日均销量+1）＝0.5×（实际零散售完天数+1）＝0.5×（167+1）＝84（天）

③经销 A 存货预计可获利润＝该批存货的每日变动储存费×（平均保本储存天数－平均实际储存天数）＝1 250×（140－84）＝70 000（元）

（三）存货储存期控制要点归纳

存货储存期控制的要点如表 2-2 所示。

表 2-2 存货储存器控制要点

内容	要点阐述
批进批出	存货保本储存天数 ＝ $\dfrac{毛利－销售税金及附加－固定储存费}{每日变动储存费}$ 存货保利储存天数 ＝ $\dfrac{毛利－销售税金及附加－固定储存费－目标利润}{每日变动储存费}$ 将保本储存天数与保利储存天数求差额，整理后得： 批进批出经销某商品实际获利或亏损额＝每日变动储存费×（保本储存天数－实际储存天数）

续表

内容	要点阐述
批进零出	平均实际储存天数＝（实际零散售完天数＋1）/2 批进零出经销某商品实际获利或亏损额＝每日变动储存费×（保本储存天数－平均实际储存天数）
批进批出与批进零出公式运用的区别与联系	计算存货保本储存天数和存货的盈亏额的公式原理相同；批进零出前提下，不计算存货保利储存天数

通过对存货储存期的分析，可以及时地将企业存货的信息传输给经营决策部门，决策者可以针对不同情况采取相应的措施。一般而言，凡是已过保本期的商品大多属于积压呆滞的存货，对此企业应当积极推销，压缩库存；对超过保利期但未过保本期的存货，应当检查销售状况，查明原因，尽早采取措施，严防沦为过期存货；对尚未超过保利期的存货，应密切监督、控制，以防发生过期损失。财务部门应当通过调整资金供应政策，促使经营部门调整产品结构和投资方向，推动企业存货结构的优化，提高存货的投资效率。

三、第三方物流的利用

（一）第三方物流的具体服务形式

第三方物流又被称为外包物流或合同物流，它是指由物流劳务的供方、需方之外的第三方去完成物流服务的运作方式，它是社会分工下物流专业化的一种表现形式。在商品流通企业中，发展第三方物流配送是一种趋势，世界上很多国家都在朝这个方向发展。根据美国物流管理协会的统计，第三方物流在 1999～2001 年，在美国的增长速度平均为 20%。美国制造业财富 500 强使用第三方物流的比例在 1991～2001 年，增加了接近 1 倍。1991 年有 38% 的企业使用第三方物流，到 2001 年，使用第三方物流的制造业 500 强的比例达到了 74%，其中 55% 的企业使用第三方物流超过 5 年，建立了长期的战略伙伴关系。世界著名的"7-11"便利店在日本有近 9 000 个店铺，但却没有一家自己的配送中心，全部是社会专业化配送中心为其提供服务。但是，一般来讲，直营连锁都建有自己的配送中心，如沃尔玛目前就有 60 多个配送中心，为全球 4 000 多个店铺提供商品服务。

第三方物流的模式在发达国家已经比较成熟，从第三方物流业务的分类角度，第三方物流具体包括以下服务模式：①第三方物流运输服务；②第三方物流仓储服务；③第三方物流特别服务；④第三方物流国际互联网服务；⑤第三方物流的技术服务。

（二）第三方物流内部的构成

第三方物流内部的构成一般可分为以下两类：资产基础供应商和非资产基础供应商。

对于资产基础供应商而言，他们有自己的运输工具和仓库，他们通常实实在在地进行物流操作。而非资产基础供应商则是管理公司，不拥有或租赁资产，他们提供人力资源和先进的物流管理系统,专业管理顾客的物流功能。

广义的第三方物流为两者的结合。因此,对物流各环节如仓储、运输等的严格管理,再加之拥有一大批具有专业知识的物流人才,使得他们可以有效地运转整个物流系统。故而,第三方物流又称为"物流联盟"。

(三)采用第三方物流的意义

第三方物流的采用给企业带来许多利益,这些利益也就是企业所具有的优势:

(1)作业利益。

第三方物流服务能为客户提供的第一类利益是"作业改进"的利益。这类利益基本包括两种因作业改进而发生的利益。

其一是通过第三方物流服务,客户可以获得自己组织物流活动所不能提供的服务或物流服务所需要的生产要素,这一点也是产生第三方物流服务并得以发展的重要原因。

其二是作业改进可以改善企业内部管理运作,可以增加企业管理运作的灵活性,提高服务质量或服务的效率。

(2)财务利益。

低成本构成包括低的要素成本和管理费用。一个企业各项业务各环节之间的成本与费用常常是很难明确划分的,这样在财务上不利于核算和监督,而将物流委托给第三方物流公司,则可使物流这一块成本明晰度增加。

(3)管理利益。

第三方物流公司具有物流方面的优势资源和更有效的管理技能,以及对客户期望的满足,这就使采用第三方物流的企业在物流方面具有优势,甚至使这种优势成为企业降低成本的一个突破点。例如,采用第三方物流的企业可以精减部门和人员,使管理过程更有效、更简化。

(4)降低物流成本。

降低物流成本可被视为降低商品成本的重要因素,并被称为第三利润源泉。在商品流通企业,物流成本在商品流通费用中所占比重较大,因此,采用第三方物流,利用第三方物流公司的规模效应,可以降低商品流通费用,提高经济效益。

(四)利用第三方物流应注意的问题

(1)在内外部资源的利用上,要首先整合内部资源,如企业有大量闲置土地、厂房和运输车辆,就应先盘活利用现有资产。

(2)是否选择第三方物流还要考虑非经济因素。第三方物流固然可以提高物流效率,但对一些特殊要求的企业,如需要安排就业、分流富余人员,则应慎重采用物流外包。

(3)在加强存货管理过程中,不能局限于考虑存货的仓储成本和配送成本。改善企业业务流程的设计和分支机构、经营网点的设置,有时可起到事半功倍的效果。

第三节　销售管理与控制

一、销售管理与控制的内容

企业销售管理与控制的内容如图2-4所示。

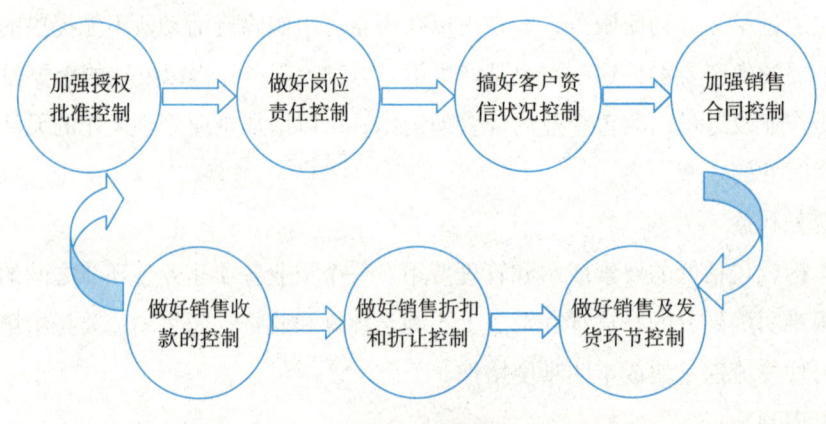

图2-4　企业销售管理与控制

企业一般应当分别设立销售、发货、收款业务的部门或岗位。明确相关部门和岗位的职责、权限，确保办理销售业务与收款业务的不相容岗位相互分离、制约和监督的重要制度。一般来说，销售部门的主要责任是处理订单、签订合同、执行销售政策和信用政策、催收货款；发货部门的主要责任是审核销售发货单据是否齐全、办理发货的具体事宜；财务部门的主要责任是销售款项的结算、销售业务的会计处理和监督、管理货款的回收。

此外我们再对连锁经营企业销售收入管理和成本费用控制的管理进行讨论。

（一）连锁经营企业销售收入管理

由于连锁经营企业是由若干个门店组成，其销售收入分散在各个门店内，销售收入应通过电脑结算系统进行控制。对于独立核算的子公司，只对其每日销售收入情况进行监控和掌握，对于非独立核算方式的门店，应对其收入情况和货币资金同时控制。每日银行下班前，各门店收银员应整理当日所收款项或客人已签信用卡单，核对相符后，填制现金缴款单，将款项存入公司开立的销售收入专户，并负责将整理好的客人已签付的信用卡单送银行将款项划转公司销售收入专户。并编制"销售日报表"连同现金缴款单等于次日10：00前报公司总收款处，财务部可通过在银行开设的"网上银行"随时掌握、监控销售收入情况及各门店存款情况。

对于和总部不在同一城市的省内非独立核算门店销售收入，由门店核算员每日将销售款存入总部开设的信用卡内，并通过传真或电子邮件形式将"销售日报表"和"现金缴款单"等资料发往总部财务部。总部总收款于每日下班前通过银行或自动取款机查看各门店缴纳销售款情况并与门店传来销售日报表核对，如有不符，及时进行沟通、调查。总收款于次日上午12:00点前将所有异地基层店收入款存入公司销售专户。

对于调拨公司异地销售收入的信用卡应选择不收取省内手续费的金融机构办理。总收款负责信用卡的保管工作，出纳负责信用卡的密码输入工作，每次查询、取款均需两人同时进行。

销售收入应分门店进行核算以便于公司对各门店销售情况同历史数据、预算数据及各门店之间比较分析，对于销货退回，应建立相应管理制度并经销售主管审批。

（二）连锁经营企业成本费用控制的管理

连锁经营企业成本费用是指企业为销售商品或提供劳务等日常经营活动所发生的经济利益的流出。按用途分为销售成本和期间费用，销售成本是销售商品的进货价格，期间费用指在一定会计期间发生的管理费用、营业费用和财务费用。

连锁经营企业成本费用分部门、门店进行明细核算，各部门、门店各为独立的成本控制中心。公司年末将下年的责任预算和其他控制标准下达给各部门，使之按此控制自己的活动，并对各成本中心实施考核，以分析评价执行情况。

对于进货成本，对各门店主要采用先进先出法核算，按品种计算毛利率，建立毛利率预算计划管理，对门店实行计划控制，总部对门店综合毛利率定期考核，对主要商品毛利率重点考核。

对于期间费用，规定各部门及门店费用项目范围及开支标准，原则上不允许随意扩大超标，对于一些费用（水电费、商品运费等）进行分解，尽量细划到各部门、门店。总部及市内各门店费用由总部统一核定支付，对于异地各门店费用采取备用金形式，在规定范围内，所发生费用、支出工资由核算员审核、店长签字审批后支付，店长有节约开支的责任。公司财务部定期、不定期的去各异地店审查费用使用情况。

总之，公司要建立成本费用控制体系，实行成本费用分级归口管理责任制，根据成本费用分解为各项指标层层下达，调动公司各部门和门店全体员工的积极性，使成本费用预算落到实处，并与工效挂钩。

二、信用标准的确定

信用标准是指当采取赊销手段销货的企业对客户授信时，代表公司愿意承担的最大的付款风险的金额。企业信用标准的设置，直接影响对客户信用申请的批准与否，是企业制订信用管理政策的重要一环。

信用标准是客户获得企业商业信用所应具备的最低条件，通常以预期的坏账损失率表示。如果企业把信用标准定得过高，将使许多客户因信用品质达不到所设的标准而被企业拒之门外，其结果尽管有利于降低违约风险及收账费用，但不利于企业竞争能力的提高和销售收入的扩大。相反，如果企业接受较低的信用标准，虽然有利于企业扩大销售，提高市场竞争力和占有率，但同时也会导致坏账损失风险加大和收账费用增加。为此，企业应在成本与收益比较原则的基础上，确定适宜的信用标准。

（一）信用分析

企业在设定某一顾客的信用标准时，往往先要评价其赖账的可能性，这可以通过"五C"系统来进行。所谓"五C"系统是评估顾客信用品质的五个方面，即：

（1）品质（character），是指顾客的信誉，即履行偿债义务的可能性。

（2）能力（capacity），是指顾客的偿债能力，即其流动资产的数量与质量以及与流动负债的比例。

（3）资本（capital），是指顾客的财务实力和财务状况，表明顾客可能偿还债务的背景。

（4）抵押（collateral），是指顾客付款或无力支付款时能被用作抵押的资产。

（5）条件（condition），是指可能影响顾客付款能力的经济环境。

如果客户达不到该项信用标准，就不能享受公司按商业信用赋予的各种优惠，或只能享受较低的信用优惠。

（二）信用分析的信息来源

信用的"五C"系统代表了信用风险的判断因素，要做到客观、准确的判断，关键在于能否及时掌握客户的各种信用资料。这些资料的来源主要有以下几个渠道：

（1）财务报表。

企业对预期的"准信用"客户索取或查询近期的资产负债表和利润表等报表。这些资料是企业进行分析评估的最重要信息，企业可据此对赊销对象的资产流动性、支付能力以及经营业绩诸方面进行详尽分析并作出判断。

（2）银行证明。

应客户要求，由客户的开户银行出具一些有关其信用状况的证明材料，如客户在银行的平均现金余额、贷款的历史信用等。

（3）企业间证明。

一般而言，企业的每一客户对外会同时拥有许多供货单位，所以企业可以通过与同一客户有关的各供货企业交换信用资料，比如交易往来的持续时间、提供信用的条件、数额以及客户支付货款的及时程度等证明。这些供货单位出具的书面证明，再加上必要的调查了解，可为企业对客户信用状况作出评价奠定良好的基础。

（4）信用评级和信用报告。

公司可以从各种商业信用评级机构获取企业的信用评级资料。

（三）信用标准的制定

在收集、整理客户的信用资料后，即可采用"五C"系统分析客户的信用程度。为避免信用评价人员的主观性，在对客户信用状况进行定性分析的基础上，还有必要对客户的信用风险进行定量分析。具体可以采用多项判断法，其具体步骤有：

（1）设立信用等级的评价标准。

即对客户信用资料进行调查分析，确定评价信用优劣的数量标准。首先查阅客户以前若干年的信用资料，找出具有代表性、能说明偿债能力和财务状况的比率，作为评判信用风险的指标，然后根据最近几年内"信用好"和"信用差"两个客户相同比率的平均值，作为评价该客户的信用标准。我们以A公司为例，表2-3即为A公司的信用标准一览表。

表2-3 A公司信用标准一览表

指标	信用标准	
	信用好	信用坏
流动比率	2.5：1	1.6：1
速运比率	1.1：1	0.8：1
现金比率	0.4：1	0.2：1
产权比率	1.8：1	4：1
已获利息倍数	3.2：1	1.6：1
有形资产负债率	1.5：1	2.9：1
应收账款平均收账天数	26	40
存货周转率（次）	6	4
总资产报酬率	35	20
赊购付款履约情况	及时	拖欠

（2）计算客户的风险系数。

利用各客户的财务数据计算指标值，与设定的标准值进行比较。其方法是：若某客户的某项指标等于或低于最坏信用标准，则客户的风险系数增加10%；若某项指标介于好的信用标准与差的信用标准之间，则客户的风险系数增加5%；若某客户的某项指标等于或高于好的信用标准，则客户的风险系数为0，即无信用风险。各项指标比较后，即可累计客户的风险系数。表2-4即为A公司的某客户信用状况评价表。

表 2-4　A 公司的某客户信用状况评价表

指标	指标值	拒付风险系数（%）
流动比率	2.6∶1	0
速运比率	1.2∶1	0
现金比率	0.3∶1	5
产权比率	1.7∶1	0
已获利息倍数	3.2∶1	0
有形资产负债率	2.3∶1	5
应收账款平均收账天数	36	5
存货周转率（次）	7	0
总资产报酬率	35	0
赊购付款履约情况	及时	0
累计拒付风险系数	15	15

说明：该客户流动比率、速运比率、产权比率、已获利息倍数、存货周转率、总资产报酬率、赊购付款履约情况等指标均等于或高于好的信用标准，因此这些指标产生拒付风险的系数为0；而现金比率、有形资产负债率、应收账款平均收账天数三项指标值则介于信用好与信用差标准值之间，各自发生拒付风险为5%，累计15%。这样，该客户预期可能发生的坏账损失率为15%。

（3）风险排序，确定有关客户的信用等级。

企业按上述方法分别计算出各客户的累计风险系数，即可按风险系数的大小进行排序：系数小的排在前面，系数大的排在后面。然后结合企业承受违约风险的能力及市场竞争的需要，具体划分客户的信用等级。如累计拒付风险系数在 5% 以内的为 A 级客户，在 5%～15% 之间的为 B 级客户等。对于不同信用等级的客户应采取不同的信用对策，包括拒绝或接受客户信用订单，以及给予不同的信用优惠条件或附加某些限制条款等。

（四）现金折扣政策

现金折扣是企业对顾客在商品价格上所做的扣减。向顾客提供这种价格上的优惠，主要目的在于吸引顾客为享受优惠而提前付款，缩短企业的平均收款期。另外，现金折扣也能招揽一些视折扣为减价出售的顾客前来购货，借此扩大销售额。

现金折扣的表示常采用如"5/10，3/20，n/30"的形式，5/10 表示 10 天内付款，可享受 5% 的价格优惠，即只需支付原价的 95%。如原价为 10 000 元，只需支付 9 500 元。3/20 表示 10～20 天内付款，可享受 3% 的价格优惠，即只需支付原价的 97%。如原价为 10 000 元，只需支付 9 700 元。n/30 表示付款的最后期限为 30 天，此时付款无优惠，即按全价付款。

企业采用什么程度的现金折扣，要与信用期间结合起来考虑。不论是信用期间还是现金折扣，都能给企业带来收益，但也会增加成本。当企业给予顾客某种现金折扣时，应当考虑折扣所能带来的收益与成本孰高孰低，权衡利弊，择优决断。

（五）信用期间

信用期间是企业允许顾客从购货到付款之间的时间，或者说是企业给予顾客的付款期间。例如，某企业允许顾客在购货后的 50 天内付款，则信用期间为 50 天。信用期过短，不足以吸引顾客，在竞争中会使销售额下降；信用期放长，对销售额增加固然有利，但只顾及销售增长而盲目拓宽信用期间，所得的收益有时会被增长的费用抵销，甚至造成利润减少。因此，企业必须慎重研究，规定出恰当的信用期。

信用期的确定，主要是分析改变现行信用期对收入和成本的影响。延长信用期，会使销售额增加，产生有利影响；与此同时应收账款的机会成本、管理成本和坏账损失增加，产生不利影响。当前者大于后者时，可以延长信用期，否则不宜延长。如果缩短信用期，情况与此相反。

其中应收账款机会成本的计算公式如下：

$$应收账款机会成本 = 应收账款占用资金 \times 资金成本率$$

$$应收账款占用资金 = 应收账款平均余额 \times 变动成本率$$

$$应收账款平均余额 = 日销售额 \times 平均收现期$$

（六）应收账款的收账

应收账款发生后，企业应采取各种措施，尽量争取按期收回账款，否则会因拖欠时间过长而发生坏账，使企业遭受损失。这些措施包括对应收账款回收情况的监督，对坏账事先准备和制定适当的收账政策等。

（1）应收账款收回的监督。

企业的应收账款时间有长有短，有的尚未超过信用期限，有的则超过了信用期限。一般来讲，拖欠时间越长，款项收回的可能性越小，形成坏账的可能性越大。对此，企业应实施严密的监督，随时掌握回收情况。实施对应收账款回收情况的监督，可以通过编制账龄分析表（利用账龄分析表，企业可以了解到有多少欠款尚在信用期内，有多少欠款超过了信用期，超过时间长短的款项各占多少，有多少欠款会因拖欠时间太久而可能成为坏账）等方法进行。

（2）收账政策的制定。

企业对不同过期账款的收款方式，包括准备为此付出的代价，就是它的收账政策。比如，对过期较短的顾客，不予过多地打扰，以免将来失去这一客户；对过期稍长的顾客，可能措辞委婉地写信催款；对过期较长的顾客，频繁地写信催款并电话催询；对过期很长的顾客，可在催款时措辞严厉，必要时提请有关部门仲裁或提请诉讼等。催收账款要发生费用，某些催款方式的费用还会很高（如诉讼费）。一般说来，收款的花费越大，收账措施越有力，可收回的账款就越多，坏账损失就越少。因此制定收账政策，要在收账费用和所减少的坏账损失之间作出权衡。制定有效、得当的收账政策很大程度上靠有关人员的经验；从财务管理的角度讲，也有一些量化的方法可予参照，根据应收账款总成本最小化的道理，可以通过各收账方案成本的大小进行比较来其加以选择。

【例2-1】B公司预测2019年赊销收入为3 000万元，信用条件为"$n/30$"，变动成本率为70%，资本成本率为12%。该公司为了扩大销售，拟定了两个备选方案：

方案1：将信用条件放宽到"$n/60$"，预计坏账损失率为3%，收款费用为70.20万元。

方案2：将信用条件改为"$2/10, 1/20, n/60$"，估计约有60%的客户（按赊销额计算）会利用2%的现金折扣，15%的客户会利用1%的现金折扣，坏账损失率为2%，收账费用为58.78万元。

以上两方案均使销售收入增长10%。公司信用条件分析评价表如表2-5所示。

表2-5　信用条件分析评价表

项目	方案1（$n/60$）	方案2（$2/10, 1/20, n/60$）
年赊销额	3 000×110%=3 300	3 000×110%=3 300
现金折扣	—	（60×2%+15%×1%）×3 300=44.55
年赊销净额	3 300	3 300-44.55=3 255.45
变动成本	3 300×70%=2 310	3 300×70%=2 310
信用成本前收益	3 300-2 310=990	3 255.45-2 310=945.45
平均收账期	60	60%×10+15%×20+25%×60=24
应收账款平均余额	3 300/360×60=550	3 300/360×24=220
赊销业务占用资金	550×70%=385	220×70%=154
应收账款机会成本	385×12%=46.20	154×12%=18.48
坏账损失	3 300×3%=99	3 300×2%=66
收账费用	70.20	58.78
信用成本	46.20+99+70.20=215.40	18.48+66+58.78=143.26
信用成本后收益	990-215.40=774.60	945.45-143.26=802.19

从表2-5可见，在两种方案中，方案2的信用成本后收益（802.19万元）大于方案1的信用成本后收益（774.60万元），因此应选方案2。

第三章
商品流通企业会计核算

商品流通企业是连锁企业中最常见的企业类型，大型超市中的大润发、华联综合超市就是典型代表，这些企业的会计具有其自身的特点。具体地说，商品流通企业的主要经济活动是组织商品流通，即商品的购进、销售、调拨和储存，将社会产品从生产领域转移到消费领域，以促进工农业生产的发展和满足人民生活的需要，从而实现商品的价值并获得盈利。与工业企业相比，商品流通企业的主要特点是，其经营过程主要包括供应过程与销售过程，没有生产过程。

商品流通企业会计是以商品流通企业为会计主体的一种行业会计，它是应用价值管理形式，核算和监督商品流通企业的经济活动，预测经济前景和参与经济决策，指在提高商品流通企业经济效益的经济管理活动。因此，商品流通企业的会计相比其他行业核算更复杂，本章中我们分别从商品的购进和销售环节来具体讲解说明。

本章导读

1. 掌握商品流通企业会计核算方法，了解四种核算方法的不同
2. 掌握批发零售企业主要经营过程的核算
3. 掌握零售企业主要经营过程的核算

第一节　商品流通企业会计核算方法

一、商品流通企业会计特点

商品流通企业会计主要有以下特点：第一，成本计算的特殊性。产品生产成本的计算是工业企业会计核算的一项重要内容，商品流通企业由于不生产产品，因而不存在产品生产成本的计算问题。第二，存货核算的特殊性。一方面，工业企业的存货包括材料存货、在产品存货和产成品存货等，存货类别较多，而商品流通企业的存货主要是商品存货，存货类别比较单一，但其存货的品种规格特别多。另一方面，存货入账价值的特殊性。工业企业外购的实际成本一般要包括入库前的包装费、运杂费、挑选整理费等附带成本在内；在商品流通企业，由于商品品种规格繁多，流转频率快，很难将一笔购货附带成本合理且精确地分配至特定的一批购货，因此附带成本一般作为发生期的经营费用处理。第三，存货日常核算的特殊性。商品流通企业（特别是零售企业）的商品存货，为了便于销售，一般在购进时就要确定其销售价格，因而商品存货的日常核算可以采用"售价金额核算法"。

二、商品流通企业的四种会计核算方法

商品流通企业的商品一般以"库存商品"科目进行核算。在会计实务中，根据"库存商品"科目记录的方法不同，可以把商品核算方法分为数量金额核算法和金额核算法两类。

数量金额核算法下，商品的增减变动及结存在会计账簿上同时以实物量和价值量进行核算。金额核算法下，商品的增减变动及结存在会计账簿上主要以价值量进行核算，一般不进行数量核算。前者既可以提供商品价值量的信息，也可以提供商品数量的信息；后者一般只能提供价值量的信息。

在商品流通企业，衡量商品价值量的标准主要有两个，一是商品的进价（也称实际成本）；二是商品的售价。因此商品的核算方法可以分为四种：数量进价金额核算法；数量售价金额核算法；进价金额核算法；售价金额核算法。

（一）数量进价金额核算方法

按照传统核算要求，数量进价金额核算法一般只适用于批发企业，但在结算工作电算

化和网络化的环境下，数量进价金额法目前成为连锁企业采用的主要核算方法。

数量进价金额核算法是指对库存商品账户同时以实物数量和进价金额两种计量单位核算。库存商品明细账按商品品种设置，既要记载数量，又要记载进价金额。商品销售时，每笔交易都要填制销售凭证，并采用集中收款。库存商品明细账逐笔记载每种商品的购、销、调、存，月末用一定的方法计算商品销售成本。其具体内容如下：

（1）库存商品总分类账户和明细分类账户一律按购进商品的原进价记账。总分类账只记金额，不记数量；明细分类账既记金额又记数量。通过库存商品总账和明细账的记载，既总括又具体地反映库存商品的增减变动和结存情况。

（2）建立一套完整的商品账体系，包括库存商品总账和库存商品明细账。当商品品种较多时，可在"库存商品"总账与"库存商品"明细账之间，按照商品类别设置库存商品类目账，记录和反映每种库存商品的数量和进价金额的增减变化情况。类目账只记金额，不记数量，从而实现库存商品总账、类目账和明细账之间层层控制。同时，还能提供大类商品的核算资料。

（3）在会计、业务、仓库各部门之间，建立商品账体系。即会计部门设置的商品明细账对业务部门设置的商品调拨账和仓库部门设置的商品保管账要保持控制、核对和监督关系，以加强商品管理。

（4）采用适当方法随时或定期结转销售商品成本。数量进价金额核算法的优点是：能够提供每种商品的进、销、存数量和金额及其增减变动情况，便于从数量和金额两方面实行双重控制。这不仅可以满足业务部门开展销售业务、会计部门加强资金管理、保管部门明确责任，并且有利于保护商品的安全。缺点是每笔购销业务都要填制凭证，并登记按品种等级设置的商品明细账，核算工作量较大。但会计电算化后，这一缺点已经基本消失，数量进价金额核算法在连锁商业企业中也得到了广泛的应用。

（5）该方法主要用于批发商品环节对销售成本的核算。批发商品的销售成本，根据经营商品的不同特点，分别采用不同的计算和结转方法，随时或定期结转商品销售成本。

数量进价金额核算对商品实物数量和进价金额实行双重控制，有利于满足业务部门开展销售业务、会计部门加强资金管理、保管部门明确责任和保护商品的安全，可以全面掌握库存商品品种、数量和金额的资料，有利于加强商品和销售款的管理。但这种核算方法要求每笔购销业务均提供反映各种商品的数量和金额的收付凭证作为记账依据，并按商品品种逐笔登记明细账，因此核算工作量较大。

（二）数量售价金额核算法

数量售价金额核算法，是指同时以数量和售价金额反映商品增减变动及结存情况的核算方法。与数量进价金额核算相比，有两点不同：

（1）"库存商品"总账、二级账及明细账中所记录的商品增减变动及结存金额均以售价反映。

（2）为了将商品售价调整为商品进价，并反映商品售价与进价的差额，需要设置"商品进销差价"调整科目。"商品进销差价"的明细科目一般按商品类别设置。

实行数量售价金额核算法的企业，除必须按商品品名、规格设置库存商品明细账外，有关商品进、销、存的核算方法与售价金额核算法相同。在数量售价金额核算法下，库存商品明细账一般设置在业务部门，同时记载商品的售价金额和数量，以便与实存商品相核对。财会部门按柜组或商品类别设置库存商品类目账，只记售价金额，以便控制库存商品明细账。

数量售价金额核算法的优点是责任部门能够及时掌握每种商品的变动情况，以便账实不符时及时查找原因，但缺点是工作量太大。所以一般只有经营商品品种不多或必须掌握商品数量的企业或柜组采用。

（三）进价金额核算法

进价金额核算法是对库存商品的总分类账和明细分类账核算都按进价金额而不反映实物数量的一种方法，又称为"成本记账，盘存计销"核算法。其主要内容包括：

（1）商品购进时，库存商品明细账，只记进价金额，不记数量。

（2）商品销售时，按实际取得的销售收入，贷记"商品销售收入"账户，平时不结转商品销售成本。

（3）在经营过程中除发生重大损失需要按规定进行相应的账务处理外，平时发生损溢、商品等级变化及售价变动等情况，一般不进行账务处理。

（4）月末通过实地盘点，按当月最后进货的商品单价，计算月末结存商品的成本金额，再采用倒逼方法计算销售商品的进价成本，并进行结转。计算公式为：

$$期末库存余额=\sum 最后进货单价 \times 盘存数量$$

$$本期销售结转成本=期初库存余额+本期购进金额-期末库存余额$$

进价金额核算法适用于经营鲜活商品的连锁企业或柜组。因为鲜活商品具有季节性强、商品损耗大、质量变化快、调价次数多等特点，其售价和数量调整频繁，如果这些企业或柜组采用售价金额核算，每次调整售价时，就需进行商品盘点，填制有关单证，进行相应的账务处理，这不仅会增加营业人员的工作量，而且会延误时间，进一步影响商品质量，加大商品损耗。采用数量进价金额核算法也存在类似的问题。因此，为了适应鲜活商品的经营特点，连锁经营企业的鲜活商品一般采用进价金额核算法。

（四）售价金额核算方法

售价金额核算法，是指以售价金额反映商品增减变动及结存情况的核算方法。这种方法又称"售价记账，实物负责制"或"拨货计价，实物负责制"，是将商品核算方法与商品管理制度相结合的核算制度，其基本内容包括：

（1）售价记账、金额控制，库存商品总账和明细账都按商品的销售价格记账，库存商品明细账按实物负责人或小组分户，只记售价金额不记实物数量。

（2）设置"商品进销差价"调整科目，反映商品售价与成本的差额。"商品进销差价"明细账同"库存商品"明细账一样，按实物负责人（或柜组）设置，商品销售后，按一定的方法计算已销商品的进销差价，并根据已销商品的售价及已销商品的进销差价计算已销商品成本。

（3）加强库存商品的实地盘点，由于售价金额核算对库存商品只按售价金额记载，不核算商品的数量，库存商品发生溢亏、毁损、丢失等时不易被发现，因此，要切实做好库存商品的实地盘点工作，以确定库存商品的实有数，并及时发现商品核算和管理中存在的问题。

（4）健全相关管理制度，售价金额核算一般不设商品数量账，所以平时难以掌握每种商品的变动情况，账实不符时，也难以查找原因。因此，企业必须健全相关管理制度。例如，要做到账实相符，就必须要健全商品进、销、存各项业务手续制度，加强物价管理、商品管理、销货款管理，严格复核制度。这就要求实物负责人在商品购进、销售、调价、溢缺、损耗等业务上，严格按照业务手续制度规定办理，填制有关的业务凭证，以便据以入账，使账簿资料能够有效地控制商品的实物数量。

因为售价金额核算法不能及时提供商品的结存数量，不利于随时了解库存情况，无法正确确定何时进货及销量情况，也不好确定商品的溢缺和货款长短，所以它对连锁经营商业企业一般不太适用。但这种方法对于经营品种繁杂的小型连锁企业，不失为一种简便有效的核算方法。

综上所述，对商品流通企业库存商品的核算方法如表 3-1 所示。

表 3-1　商品流通企业库存商品的核算方法

商品流通企业类型	金额核算法		数量金额核算法	
	进价金额	售价金额	数量进价金额	数量售价金额
批发商业企业			（一般情况下）	
零售商业企业	鲜活商品	（一般情况下）		少数贵重商品
每种方法的含义	库存商品只记录进价金额，不记录数量	库存商品只记录售价金额，不记录数量	库存商品既记录进价金额，也记录数量	库存商品既记录售价金额，也记录数量

商品流通企业应根据商品经营特点和管理的要求，采用适当的商品核算方法。本章以批发企业的数量进价金额核算法和零售企业的售价金额核算法为例，说明商品流通企业的会计核算方法。

第二节 批发企业主要经营过程的核算（数量进价金额核算法）

一、批发企业商品购进的核算

（一）企业商品购进的交接方式

在进货过程中，由于商品货物性质、购销地点及运输条件等的不同，商品货物的交接方式也不同。主要有以下三种方法：

（1）提货制。

提货制又叫取货制，是购货单位到销货单位指定的仓库或地点提取商品的一种商品交接方式。通常是先结算货款，后提取商品。在提货之下，提货过程发生的运输费用和商品损耗损失，一般都由购货单位承担。批发商品的进货大量采用这种交接货方式。

（2）送货制。

送货制是指由供货单位将商品送到购货单位的仓库或指定交货地点的一种商品交接方式。货款结算由双方协商决定，可以在送货前也可以在送货后。送货所发生的费用和商品损耗损失，通常由供货单位承担。批发商品的进货也采用这种接货方式。零售商品进货大量采用送货制。

（3）发货制。

发货制是指由销货单位根据合同规定的商品品种、规格、数量、发货日期等，将商品委托运输部门，发运到购货单位指定的车站、码头或其他地点的一种商品交接方式。货款通常在商品发运后结算。购货单位接到运输部门的提货通知后，凭承运部门的提货单到车站或码头提货，然后验收入库。一般规定商品交接以前所发生的费用和商品损耗由供货单位负担。在发货制下，商品的运杂费通常由供货单位垫付，并将运单寄给购货单位，由购货单位承担运输费用。

（二）商品购进的总分类核算

商品购进一般通过设置"商品采购""库存商品"等账户进行核算。企业购入商品，根据发票、账单支付货款及各项费用、税金时，按商品进货成本借记"商品采购"科目，按准予抵扣的进项税借记"应交税费——应交增值税"科目，按实际付款额贷记"银行存款"等科目。采用商业汇票结算方式购入商品的，应借记有关科目，贷记"应付票据"科目。商品到达验收入库后，按入库商品的实际成本借记"库存商品"科目，贷记"商品采购"科目。对于月终尚未付款或尚未开出承兑商业汇票的入库商品，按应付给供货单位的价款暂估入账，借记"库存商品"科目，贷记"应付账款"科目；下月初以红字冲回，待付款或开出、承兑商业汇票时，再按正常程序进行账务处理。所涉及的会计分录如下：

支付货款时，

借：商品采购（商品进货成本）

　　应交税费——应交增值税（进项税额）

　贷：银行存款等（实际付款额）/应付票据

商品到达验收入库时，

借：库存商品（入库商品的实际成本）

　贷：商品采购

【例 3-1】某批发企业向 C 公司购入甲类商品一批。进货发票上载明买价 60 000 元，进项税额 7 800 元，进货费用为 500 元，货款已用银行存款支付，购入商品已验收入库。编制会计分录如下：

支付货款时，

借：商品采购——C 公司　　　　　　　　　　　　　　60 000

　　应交税费——应交增值税（进项税额）　　　　　　 7 800

　　销售费用——运杂费　　　　　　　　　　　　　　　 500

　贷：银行存款　　　　　　　　　　　　　　　　　　68 300

商品验收入库时，

借：库存商品——甲　　　　　　　　　　　　　　　　60 000

　贷：商品采购——C 公司　　　　　　　　　　　　　　60 000

（三）商品购进的明细分类核算

批发企业商品购进主要有以下两种明细分类的核算方法。

（1）横线登记法。

横线登记法一般按照商品类别设账，采用多栏式账页按供货单位分行，对同一批次购进商品的货款结算数额和验收入库数额，在明细账中的同一行内登记。其格式如表 3-2 所示。

采用横线登记法登记商品采购明细账，可以直接反映每笔商品购进业务的付款、到货和在途情况，利于加强在途商品的管理，督促相关部门及时催货和办理入库。

表 3-2 甲类商品采购明细账

单位：万元

供货单位	借方					贷方					核销
	2019年		凭证号	摘要	金额	2019年		凭证号	摘要	金额	
	月	日				月	日				
宇生公司	8	6	01	购进甲类A商品	7	8	12	09	A商品入库	7	√
富强公司	8	15	02	购进甲类B商品	8	8	22	10	B商品入库	8	√
云景公司	8	26	03	购进甲类C商品	3						

（2）抽单法。

抽单法是利用凭证排列进行的简明核算方法。由于商品采购的成本较为明了，在商品采购业务较多的企业，为了简化核算，可以利用收货单代替商品采购明细账进行明细分类核算。当业务部门填制收货单时，应多填一联传送给财会部门作为商品采购明细账留用。

商品采购入库后，还应进行库存商品明细分类核算。批发企业库存商品的明细核算应注意以下三点：一是按商品名称、规格等分别设立明细账以进行明细核算；二是按商品品种、类别、存放地点等设置类目账以进行二级明细核算；三是仓库的保管账和业务部门的调拨账应使用数量式明细账页，会计部门的库存商品明细账则采用数量金额式账页，会计部门的类目账应采用三栏式明细账页。

二、批发企业商品销售的核算

（一）批发企业商品销售的业务程序

批发企业购进商品的主要目的是对外销售，根据销售对象的不同可以将销售分为两类：批发企业向本地销售商品；批发企业向外地销售商品。批发企业向本地销售商品通常采用提货制或送货制的交货方式，货款结算以支票为主。批发企业向外地销售商品通常采用发货制的交货方式，货款结算可以采用委托收款、银行汇票等方式。由于结算方式的不同，在核算时，向本地销售商品和向外地销售商品的处理存在差异，本地销售商品时，收到支票一般只涉及"银行存款"科目，而外地销售商品时，则可能涉及"应收账款""应收票据"等科目的核算。

（二）商品销售的总分类核算

批发企业商品销售和其他企业销售商品和劳务一样，符合收入确认条件的，需确认收入并结转相应成本。一般通过设置"主营业务收入""主营业务成本"等账户核算。现举例如下：

【例3-2】某批发企业按合同规定销售给某零售企业一批商品，批发商品进价150 000元，销售价200 000元（含销项税），在交货的当天收到该零售企业支票一张，金额为200 000元。会计部门根据银行进账单回单联、销货发票等凭证，编制会计分录如下：

借：银行存款　　　　　　　　　　　　　　　　　　　　200 000
　　贷：主营业务收入　　　　　　　　　　　　　　　　176 991.15
　　　　应交税费——应交增值税（销项税额）　　　　　 23 008.85
借：主营业务成本　　　　　　　　　　　　　　　　　　150 000
　　贷：库存商品　　　　　　　　　　　　　　　　　　150 000

【例3-3】某批发企业上月16日售给东方百货公司1 000件丁种商品，每件售价200元，货款尚未支付。本月发现其中15件质量未达到合同规定的一级产品标准，经双方协商决定，这15件商品按5折折价出售，该批货款扣除折让后已全数收到。编制会计分录如下：

上月编制的会计分录如下：
借：应收账款　　　　　　　　　　　　　　　　　　　　226 000
　　贷：主营业务收入　　　　　　　　　　　　　　　　200 000
　　　　应交税费——应交增值税（销项税额）　　　　　 26 000
本月编制的会计分录如下：
借：主营业务收入　　　　　　　　　　　　　　　　　　15 000
　　应交税费——应交增值税（销项税额）　　　　　　　1 950
　　贷：应收账款　　　　　　　　　　　　　　　　　　16 950
借：银行存款　　　　　　　　　　　　　　　　　　　　16 950
　　贷：应收账款　　　　　　　　　　　　　　　　　　16 950

（三）批发企业商品销售成本的核算

批发企业计算已销商品成本的方法很多，包括先进先出法、加权平均法、移动加权平均法、个别计价法和毛利率法等。其中，毛利率法的基本原理是：假设各个会计期间的毛利率大致相同，根据本期销售总金额乘以上期实际（或本期计划）毛利率计算本期销售毛利，并据以计算发出存货和期末结存存货成本的一种方法。其计算公式如下：

毛利率=销售毛利/销售净额×100%

本期商品销售毛利=销售额×上期实际或本期计划毛利率

本期商品销售成本=销售额-本期商品销售毛利=销售额×（1-上期实际或本期计划毛利率）

期末结存存货成本=期初结存存货成本+本期购货成本-本期商品销售成本

毛利率法一般适用于经营品种较多，按月计算商品销售成本有困难或者只需要估算销售成本和库存商品金额的企业。商品流通企业由于商品种类多，且一般来讲其同类商品的毛利率大致相同，采用毛利率法能大大减轻工作量。

毛利率可以是分商品类别的毛利率，也可以是企业全部商品的综合毛利率，如果不同类别商品的毛利率不同，综合毛利率则会受到不同类别商品销售比重的影响。为了使会计核算尽可能准确，一般按商品类别的毛利率法确定期末存货的成本。

【例3-4】2019年某批发商业企业甲类商品第一季度实际毛利率为8%，第二季度各月份的商品销售额分别为70 000元、80 000元和73 400元。6月末按加权平均法计算的甲类各种商品的结存额为23 706元。估计的各月份存货成本详见表3-3所示。

表3-3 商品存货二级账（类别：甲）

2019年		凭证		摘要	借方	贷方	结余
月	日	字	号				
4	1	略	略	月初结存			20 000
	13			购货	40 000		60 000
	25			购货	30 000		90 000
	30			结转成本		64 400	25 600
				本月合计	70 000	64 400	25 600
5	12			购货	50 000		75 600
	26			购货	20 000		95 600
	31			结转成本		73 600	22 000
				本月合计	70 000	73 600	22 000
6	13			购货	28 000		50 000
	25			购货	44 000		94 000
	30			拨付加工		5 000	89 000
	30			结转成本		65 294	23 706
				本月合计	72 000	70 294	23 706
				季结	212 000	208 294	23 706

表 3-3 中有关数字计算如下：

4 月份主营业务成本 =70 000×（1-8%）=64 400 元

5 月份主营业务成本 =80 000×（1-8%）=73 600 元

6 月份主营业务成本 =89 000-23 706=65 294 元

第二季度主营业务收入 =70 000+80 000+73 400=22 3400 元

第二季度主营业务成本 =64 400+73 600+65 294=203 294 元

第二季度商品销售毛利 =223 400-203 294=20 106 元

第二季度实际毛利率 =20 106 / 223 400=9%

第三节　零售企业主要经营过程的核算（售价金额核算法）

零售企业与批发企业相比，其主要经营的特点是：经营商品品种繁多，交易频繁，数量零星，销售对象大众。为适应零售企业的经营特点，简化记账工作，零售企业除了少数贵重商品采用数量金额核算方法，以及鲜活商品由于售价常常按照商品鲜活程度的变化进行变动而采用进价金额核算法外，一般零售企业均采用售价金额核算法。售价金额核算法不仅是商品流转核算的基本方法，也是零售企业的一种商品管理制度。

一、零售企业商品购进的核算

商品购进时，为了核算商品的采购成本，凡是通过本企业结算货款的，一律用"在途物资"账户核算。零售企业购进商品的成本核算方法同批发企业基本大体一致，只是商品入库时"库存商品"账户按售价登记，商品售价与进货成本的差额，记入"商品进销差价"账户。所涉及的会计分录如下：

支付进货款时，

借：在途物资（进价）

　　贷：银行存款

商品由实物负责小组根据发货单验收入库后，

借：库存商品（售价）

　　贷：商品进销差价（商品售价与进价之间的差额）

　　　　在途物资

说明:"商品进销差价"账户对"库存商品"账户起调整作用,月末"库存商品"账户余额减去"商品进销差价"账户余额后,就是库存商品的进价金额。

【例3-5】某商店家用电器柜8月31日从某家用电器批发企业购进DVD影碟机40台,每台进价730元,售价900元(含增值税);组合音响60台,每台进价1 220元,售价1 500元(含增值税)。增值税率13%。进项税总额为17 408元。

家用电器柜根据批发企业的发货单随货联填制收货单,进行如下账务处理:

(1)计算该批商品的实际进价:40×730+60×1 220=102 400(元)

(2)计算该批商品的实际售价:40×900+60×1 500=126 000(元)

(3)计算该批商品的进销差价:126 000-102 400=23 600(元)

(4)财会部门根据供货单位的发货单结算联开出转账支票支付货款,按照商品的进价编制会计分录如下:

借:在途物资　　　　　　　　　　　　　　　　　　102 400
　　应交税费——应交增值税(进项税额)　　　　　13 312
　　贷:银行存款　　　　　　　　　　　　　　　　115 712

(5)根据实物负责小组按发货单随货联验收后填制的收货单,按照商品的售价和进销差价作会计分录如下:

借:库存商品——家电柜　　　　　　　　　　　　　126 000
　　贷:商品进销差价——家电柜　　　　　　　　　　23 600
　　　　在途物资　　　　　　　　　　　　　　　　102 400

二、零售企业商品销售的核算

零售商业的商品销售一般都是采用现货形式交易。收款方式有营业员直接收款和收款台集中收款两种。不论采用哪种方式,每天的销货款必须当日送存银行,在银行当天停止收款后所收进的现金,必须在次日上午送存银行。未经银行同意,不准从销售收入的现金中直接支付款项(即坐支)。

(一)营业员直接收款的核算程序

直接收款,即营业员在销货时直接收款,一般不填制销货凭证。商品销售收入和成本,是通过"主营业务收入"和"主营业务成本"账户核算的。销售给有关单位用于集体消费的商品,小额的可以用现金结算,大额的应当用支票或者其他结算方法结算货款。尚未收到货款时,通过"应收账款"账户核算;收到账款存入银行后,则用"银行存款"账户核算。

营业员直接收款核算的会计分录如下:

借：库存现金 / 银行存款 / 应收账款
　　贷：主营业务收入
　　　　应交税费——应交增值税（销项税额）
借：主营业务成本
　　贷：库存商品

【例3-6】某零售商店2019年10月31日商品销售情况如下：家电柜151 420元（其中：现金收入150 000元，应收账款1 420元，均为含税价格）；百货柜56 500元（其中：现金收入56 500元，含税价格）。增值税率13%。

（1）根据内部缴款单和有关销售凭证，作会计分录如下：

借：库存现金　　　　　　　　　　　　　　206 500
　　应收账款——某单位　　　　　　　　　　1 420
　　贷：主营业务收入——家电柜　　134 000 [151 420/（1+13%）]
　　　　　　　　　　——百货柜　　 50 000 [56 500/（1+13%）]
　　　　应交税费——应交增值税（销项税额）　　23 920

（2）销货款存入银行，作会计分录如下：

借：银行存款　　　　　　　　　　　　　　206 500
　　贷：库存现金　　　　　　　　　　　　　206 500

（3）根据销售金额注销库存商品，作会计分录如下：

借：主营业务成本　　　　　　　　　　　　207 920
　　贷：库存商品——家电柜　　　　　　　　151 420
　　　　　　　　——百货柜　　　　　　　　 56 500

（二）收款台集中收款的核算程序

集中收款即营业员只管卖货不管收款，顾客选好商品后，由营业员填制销货凭证，由收款员收款后，营业员凭收款单出货。零售企业每日营业终了，营业员、收款员和实物负责人都要交账，营业员根据销售凭证计算销售收入，并与收款员所收款项进行核对。缴款手续由收款员办理。实物负责人根据当日商品的收、付、存情况，填制内部缴款单和商品进销存报告单，连同销货款或进账单一并交给财会部门记账。收款台集中收款销售的会计分录与营业员直接收款销售基本相同。

财会部门收到内部缴款单和商品进销存报告单后，要审核实际缴款数与内部缴款单上的缴款金额是否相等；商品进销存报告单中的本日销货金额与内部缴款单上的缴款总额是否相等；商品进销存报告单中其他项目本日发生数是否与所附的有关凭证数额相等。审核无误后，据以编制记账凭证。

【例3-7】某百货公司下设玩具、文具、体育用品三个营业组。某日营业终了，各营业组实物负责人送来内部缴款单和商品进销存报告单，其中玩具组当日销售额为2 000元，文具组当日销售额为5 000元，体育用品组当日销售额为3 000元，全部款项已送存银行。

财会部门根据银行进账单回单等凭证，编制会计分录如下：

借：银行存款　　　　　　　　　　　　　　　　　10 000
　　贷：主营业务收入——玩具组　　　　　　　　　1 770
　　　　　　　　　　——文具组　　　　　　　　　4 425
　　　　　　　　　　——体育用品组　　　　　　　2 655
　　　　应交税费——应交增值税（销项税额）　　　1 150
借：主营业务成本——玩具组　　　　　　　　　　　2 000
　　　　　　　　——文具组　　　　　　　　　　　5 000
　　　　　　　　——体育用品组　　　　　　　　　3 000
　　贷：库存商品——玩具组　　　　　　　　　　　2 000
　　　　　　　　——文具组　　　　　　　　　　　5 000
　　　　　　　　——体育用品组　　　　　　　　　3 000

为简化核算手续，进销差价平时不做账务处理，月末进行一次结转。

（三）营业款溢缺的处理

正常情况下，营业实现的销售收入应当与所收到的现金核对相符，如果销售收入与所收到的现金数目不相符，溢余或短缺部分查明原因前通过"待处理财产损溢"账户核算。溢款经批准作为企业的一项营业外收入，则转入"营业外收入"账户；缺款是由于收款员或者营业员的疏忽造成的，应由相关责任人赔偿，从"待处理财产损溢"账户转入"其他应收款"账户。所涉及的会计分录如下：

营业款出现溢余，查明原因前，
　　借：库存现金
　　　　贷：待处理财产损溢
做出批准后，
　　借：待处理财产损溢
　　　　贷：营业外收入
营业款出现短缺，查明原因前，

借：待处理财产损溢
　　贷：库存现金
做出由相关人员赔偿的批准后，
借：其他应收款
　　贷：待处理财产损溢

三、零售企业商品销售成本的核算

例3-7中"主营业务成本"账户所反映的金额，是按零售价格注销库存商品的金额，没有减去已实现的进销差价，因此并未反映出这些商品的进价。因此，月末还要采用一定的方法计算全月销售商品已实现的进销差价，并对"主营业务成本"进行调整，计算出商品的销售成本。

（一）零售价盘存法

零售商品销售商品后，应结转销货成本。零售价盘存法是指利用成本率估算商品销售成本的方法，成本率是可供销售商品成本与可供销售商品售价的比率。它是一种会计程序，目的是为了维持零售额永续和账面盘存，可以随时获得存货成本额，而不必进行实体盘存。

用公式表示为：

$$成本率=可供销售商品成本/可供销售商品售价 \times 100\%$$

【例3-8】某企业月初存货成本58 000元，零售价85 000元，本期购进商品成本620 000元，零售价930 000元，本期销售商品零售价795 000元。要求：确定期末库存，同时结转商品销售成本。

本期可供销售商品成本 =58 000+620 000=678 000（元）

本期可供销售商品售价 =85 000+930 000=1 015 000（元）

成本率 =678 000 / 1 015 000×100%=66.80%

期末库存商品零售价 =1 015 000-795 000=220 000（元）

期末库存商品估算成本 =220 000×66.80%=146 960（元）

商品销售成本 =678 000-146 960=531 040（元）

结转商品销售成本，编制会计分录如下：

借：主营业务成本　　　　　　　　　　　　　　　　531 040
　　贷：库存商品　　　　　　　　　　　　　　　　531 040

（二）进销差价调整法

由于零售企业交易频繁且每次成交金额较小，若销售一笔结转一次进销差价，工作量会很大。所以，平时其销售成本核算按照商品售价结转销售成本，月末通过计算和结转已销商品的进销差价，将商品销售成本由售价调整为进价成本。详细计算公式如下：

期末商品进销差价=期末库存商品售价金额-期末库存商品进价金额

零售企业计算已销商品进销差价的方法有综合差价率计算法、分类（或柜组）差价率计算法和实际进销差价计算法。

（1）综合差价率计算法。

综合差价率计算法是指根据总账所反映的全部商品的存销比例，计算本期销售商品应分摊进销差价的一种方法。其计算公式如下：

本月已销商品进销差价=本月商品销售额×综合差异率

综合差异率=月末结转前"商品进销差价"余额/（本月商品销售额+月末"受托代销商品"余额+月末"库存商品"余额）×100%

【例3-9】某零售企业月末调整前"商品进销差价"账户余额为34 000元，本月商品销售总额为140 000元，月末受托代销商品余额为150 000元，月末库存商品余额为50 000元，计算已销商品进销差价如下：

综合平均差价率=34 000/（140 000+150 000+50 000）×100%=10%

本月已销商品进销差价=140 000×10%=14 000（元）

借：商品进销差价　　　　　　　　　　　　　　　　14 000
　　贷：主营业务成本　　　　　　　　　　　　　　　　14 000

综合进销差价率法计算简便，但缺乏准确性。这种方法主要适用于各类商品进销差价率大体一致的企业。

（2）分类（或柜组）差价率计算法。

分类（或柜组）差价率计算法即根据各类商品存销比例，计算本期销售商品应分摊进销差价的一种方法。其计算公式与综合差价率法类似。

（3）实际进销差价计算法。

实际进销差价计算法也称为实际盘存差价法，是先计算出期末商品的进销差价，进而逆算已销商品进销差价的一种方法。该方法下，需对每一结存商品进行盘点，分别计算各商品的进价、含税售价及进销差价，求得结存商品进销差价总额，再反推计算已销商品进销差价。其计算公式如下：

期末库存商品进销差价=期末库存商品售价总额-期末库存商品进价总额

已销商品进销差价=期末结转前商品进销差价余额-期末库存商品进销差价

期末库存商品售价总额根据库存商品明细账确定，期末库存商品进价总额根据类目账或有关库存商品记录合计确定。

【例3-10】某零售商业企业2019年年末进行会计决算前，百货组"商品进销差价"科目的余额为86 000元，根据百货组有关盘点的资料，计算调整结存商品进销差价，详见表3-4：

表3-4　百货组结存商品售价及进销差价盘点计算表

2019年12月31日　　　　　　　　　　　　　　　　单位：元

商品名称	数量单位	盘存数量	进价		零售价（含税）		结存商品进销差价
			最后进货单价	成本金额	单价	售价金额	
甲	件	4 000	20	80 000	26	104 000	24 000
乙	个	500	15	7 500	20	10 000	2 500
丙	支	2 000	25	50 000	30	60 000	10 000
丁	套	1 500	30	45 000	36	54 000	9 000
合计				182 500	—	228 000	45 500

年末计算12月已销商品进销差价为40 500元，即86 000-45 500=40 500元。

这种方法把已销商品进销差价的计算同商品的盘点结合进行，既保证计算结果准确，又便于查对库存情况；但其计算工作量较大。一般只在企业进行终决算，对商品的进销差价进行核实调整时采用。有些小型的零售商店，经营品种较少时，也可以用于平时进行已销商品进销差价的计算。

（三）已销商品进销差价的结转的会计处理方法

结转已销商品进销差价的方法有两种：一是蓝字冲减法；二是红字冲销法。蓝字冲减法就是以蓝字会计分录结转已销商品进销差价的方法，借记"商品进销差价"科目，贷记"主营业务成本"科目。红字冲销法就是以红字会计分录结转已销商品进销差价的方法，即按照更正错账的红字更正法的原理，以红字借记"主营业务成本"科目，贷记"商品进销差价"科目。

第四节　进价金额核算法核算举例

一、商品采购的核算

【例3-11】华阳食品商店2019年5月31日购进鸡蛋100千克，每千克进价3.80元，随货押入蛋箱5只，每只押金8元，货款和押金开出转账支票支付。商品由蛋品组验收。根据批发企业的发货单随货联、押金收据和转账支票存根联，作会计分录如下：

借：在途物资　　　　　　　　　　　　　　　　380
　　其他应收款——存出包装物押金　　　　　　40
　　贷：银行存款　　　　　　　　　　　　　　420
借：库存商品——蛋品类　　　　　　　　　　　380
　　贷：在途物资　　　　　　　　　　　　　　380

二、商品销售的核算

华阳食品商店2019年5月31日蛋品组实收销货款398.80元，根据内部缴款单，作会计分录如下：

借：库存现金　　　　　　　　　　　　　　　　398.80
　　贷：主营业务收入——蛋品类　　　　　　　398.80

销货款存入银行，根据解款单回单联，作会计分录如下：

借：银行存款　　　　　　　　　　　　　　　　398.80
　　贷：库存现金　　　　　　　　　　　　　　398.80

三、销售成本的结转

月末计算销售成本时，采用实地盘存制，以存计销，按照盘存商品的数量，用最后进价法计算出月末库存商品进价总金额，反推出销售成本，或采用批清批结方法计算出已销商品成本。商品销售成本的计算公式如下：

　　　　本月商品销售成本=月初库存金额+本月进货金额-月末库存金额

华阳食品商店 5 月 31 日"库存商品"账户蛋品类子目的记载如表 3-5 所示。

表 3-5　库存商品明细账商品（类别：蛋品类）

2019 年		凭证号数	摘要	增加	减少	余额
月	日					
			承前页			475
5	31		购进（全月购进总额）	11 400		11 875
	31		结转销售成本		11 780	95

同日，实地盘存，尚存鸡蛋 25 千克，按照进价每千克 3.80 元，计算出月末库存商品总金额为 95 元。根据公式计算出蛋品类销售成本如下：

本月商品销售成本 =475+11 400-95=11 780（元）

根据计算结果，作会计分录如下：

借：主营业务成本——蛋品类　　　　　　　　　　　　　　　11 780
　　贷：库存商品——蛋品类　　　　　　　　　　　　　　　　11 780

假定蛋品类 5 月销售收入共 13 020.50 元，减去销售成本 11 780 元，毛利为 1 240.50 元。

四、进价金额核算法应该注意的问题

（1）商品在销售过程中发生一般损耗、等级变化、调整售价等情况均不作账务处理。但如果发生事故损失，应按财产损失审批程序，经批准后作为财产损失处理。进价金额核算法下平时不结转主营业务成本，不注销库存商品。

（2）内部调拨商品时，如果库存商品已进行明细分类核算，则应按原价作内部移库处理。否则，财会部门不作任何账务处理。

（3）经营鲜活商品的零售商业，采用进价金额核算、实地盘存制，简化了核算手续，有利于加速商品流转，降低商品损耗。但采用这种核算方法，必须注意加强进货验收和调价审批制度，建立严格的钱货分管的销售制度。分批进货、分批售完的商品，应尽可能采取逐批清结的方式，以减少差错，防止弊端。

第五节 四种不同核算方法间的比较

一、售价金额核算法

售价金额核算法也称"售价记账，实物负责制"，是按照售价金额核算企业库存商品增减变动和结存状况的一种方法。采用售价金额核算法，首先要对购入商品核定售价，所有商品均以售价在账簿中记录，按入账商品的大类计算售价和进价之间的差额并记入"商品进销差价"账户。在会计期末计算商品进销差价率，从而倒推出本期销售成本。当售价发生变动时，首先清点库存商品的数量并计算单位商品新旧售价差额，然后将二者相乘计算出售价变动金额，再用其分别调整"库存商品"和"商品进销差价"账户。

这种核算方法最大的优点是，它极大简化了库存商品核算程序，减轻了日常核算工作。但是这种核算方法总体上属于事后管理，因只重视核算结果而无法控制整个经营过程。在市场竞争激烈的今天，售价的频繁变动会加大计算调账的工作量，甚至可以说这是企业无法承担的。此外，由于是按大类核算，因此无法实现商品销售成本的细化分析。最后，商品的实际售价在商品真正销售前都是不确定的，这就为人为调节商品成本提供了一定的空间。

二、数量售价金额核算法

数量售价金额核算法下的核算过程及售价变动的处理方法与售价金额核算法基本一致，只是这一核算过程以每个具体的商品为核算对象，即以单品计算进销差价率和销售成本。由于是单品管理，因此在一定程度上改善了经营的控制过程，也能够实现成本的细化分析。但是这种方法同样面临着因为售价变动而导致大量调账工作的状况。此外，由于库存商品是按照售价记账的，还是为人为调节商品销售成本提供了一定的空间。

三、进价金额核算法

进价金额核算法也称"进价记账，盘存计销"法，是对库存商品的总分类账和明细分类账核算都按进价金额而不反映实物数量的一种方法。该种方法下按商品大类进行核算和管理，库存商品按商品的进价成本入账，其明细账只按进价记录采购的数量和金额，而不记录发出商品的数量和金额。会计期末先对库存商品进行盘点，以库存商品的盘存量乘最后进价求出期末库存商品的进价总额，以期初库存商品进价金额与本期购进商品进价金额之和减去期末库存商品的进价金额求出本期销售成本，本期销售收入减销售成本即为本期销售毛利。

这种方法核算的好处是比较简单，售价发生变动时无需进行账务处理。但是它不能全面提供各种商品进销存的详细资料，不利于商品实物的管控和追踪。

四、数量进价金额核算法

数量进价金额核算法也可称为单品进价金额核算法。在该核算方式下，以实物数量和进价金额两个指标来反映商品流转过程和结果，并且每个商品都要设立单独的明细账，按照进价金额记录其采购数量、销售数量和结存数量。日常核算以永续盘存制为主，各商品的销售成本可以根据实际情况采用先进先出法、个别计价法、加权平均法等方法计算，用销售收入减销售成本得出销售毛利。企业应当定期盘点库存并与账面数量核对是否一致；如果不一致，要及时查明原因并作出相应处理。为了加强核算，企业应当针对每个商品设立卡片账，为使核算简便卡片账可只登记数量。

数量进价金额核算法可以做到按每个商品的实际销售额、销项税金和实际销售成本（进价成本）核算。会计期末，以单品的实际销售收入减单品的实际进货成本取得实际毛利额。商品售价发生变动时可以不进行账务处理。这种核算方法能实现实时变价，对单品的成本、税金、库存等全过程进行管控和分析核算，有利于对商品实物的监管。然而，这种核算方法的工作量非常大，只适用于商品经营专业性较强的批发企业而并不适用于综合性的零售企业。

第四章
直营连锁模式的会计核算

　　直营连锁，是各连锁店同属一个投资主体，经营同类商品，或提供同样服务，实行进货、价格、配送、管理、形象等方面的统一，总部对分店拥有所有的所有权和经营权，统一核算，统负盈亏。根据这一概念可以看出门店的所有账目必须并入总部或地区总部账目，但与此同时，准则规定门店应根据管理的需要设置必要的辅助账目，并定期与总部或地区总部对账。门店所有的资产、负债和损益，都归总部地区总部统一核算。这是直营连锁模式下企业会计核算的基本原则，在本章中我们正是根据这一原则，分别从直营连锁总部的会计账务处理、总部与直营店往来业务处理以及各直营店之间的物品调拨这几项经济业务出发，分别进行详细讲解，这三项业务基本涵盖了直营连锁模式下的经济业务。

本章导读

1. 理解直营连锁的概念和管理结构
2. 了解直营连锁的经营方式
3. 掌握直营连锁模式总部的会计核算
4. 理解总部与门店往来业务
5. 掌握直营连锁模式门店的会计核算
6. 学会门店之间商品调拨的核算

第一节 直营连锁模式概述

一、直营连锁的概念

直营连锁是指以单一资本直接管理若干家店铺的经营方式，按国际连锁店协会标准，采用直营连锁的企业所拥有的直营店需达到11家以上，是连锁企业总部通过独资、控股或吞并、兼并等途径开设门店以发展壮大自身实力和规模的一种形式。一般来说，直营连锁只需要有足够的资金、适合的业务类型和一定的经营管理经验和方法就可进行。

二、直营连锁的管理结构

直营连锁的管理结构包括集权式、分权式和部分分权式这三种结构。集权式是指总部保留大部分权力，将商品计划和采购、广告、财务、人力资源及其他重要职能都集中在总部。这种管理结构的优点是门店的职能简单化且标准化，利于降低成本；不足之处是灵活性不够，总店控制和协调门店的工作量随着门店数量的增加而增大，最终会导致经营业绩下降。分权式是指由各门店自行采购，其在经营决策权上有很大的自主权。这种管理结构的优点是能够保证各店经营商品的差异化；缺点是门店与门店间存在许多重复设置的部门，无法实现资源的共享和规模经济，总部和门店在战略和计划的协调上也会出现问题。部分分权式是指总部集中采购，各门店负责销售，门店属于销售部门。总店既要关注连锁企业整体的利润水平，又要顾及门店所能够实现的利润。这种管理结构的优点是赋予门店一定自主经营权，且总部能对重要资源进行管控，如能够统一与供应商接触，增强谈判实力；缺点是职能划分上会存在一定程度的重叠。根据各种管理结构所具有的不同的优缺点，企业在不同发展阶段往往采用不同的管理结构。在发展初期，为完成迅速扩张，常采用集权式的管理结构；当企业进入成熟期后，通常采用分权式和部分分权式的管理结构。

对于不同的管理结构，企业应根据所属门店自主性的强弱来确定相应的会计核算制度和形式。目前，大多数门店都设有专职的财务人员，只是管理结构不同，财务人员的工作量不同而已。

三、直营连锁的经营方式

直营连锁通常采用三种经营方式，即约期买断、联营和代销。其中约期买断是最常见的方式，占收入的 70% 左右，这种经营方式下一般由厂商促销员负责促销，由零售商完成小部分销售。联营主要适用于家电、生鲜等商品。代销则主要针对一些进场的新品，是零售商为控制销售风险而运用的经营模式。

经营方式的选择取决于企业对供应商的控制能力和自身的风险承受能力。如沃尔玛约期买断的商品比例高达 90% 左右，因此能享有较高的毛利率。国内零售企业通常采用联营方式，这样在转移商品经营风险的同时，实际上也降低了自身的盈利空间。直营连锁经营方式相关项目的比较，如表 4-1 所示。

表 4-1 直营连锁经营方式相关项目的比较

经营方式	毛利率（%）	付款方式	付款期（月）	收入比重（%）	存货管理	存货风险	工资承担
约期买断	10	约期付款	1～2	70	供应/零售商	中	供应商
联营	9	售后付款	1～2	20	供应商	小	零售商
代销	8	售后付款	1～2	10	供应商	小	零售商

第二节 直营连锁模式下总部的会计核算

一、采购业务

（一）采购制度

（1）总部集中采购制度。

在总部集中采购制度下，整个连锁企业的商品采购工作由总部设置独立的采购部门统一负责，采购权限集中在总部。这种制度能够真正实现规模化经营，充分利用供应商因采购数量多而给予的价格优惠，降低总体采购成本，也保证了采购渠道和采购商品质量的稳定；同时，能使各门店做到统一配送、统一核算和统一促销，充分体现连锁经营的优势。但是，总部集中采购无法充分考虑各门店因地理位置不同而造成的需求差异，不利于各门店供需的匹配。

（2）总部授权采购制度。

在总部授权采购制度下，总部将商品采购权下放给各门店，由各门店根据自身的销售情况自主进行商品采购决策。该制度难以发挥规模采购的成本优势，不利于企业的成本控制和统一管理。

（3）总部有限授权采购制度。

在总部有限授权采购制度下，总部对各门店的区域市场特征较强的商品进行授权，各门店可以在总部授权的商品目录和资金额度范围内进行商品采购决策。这种制度具有较强的灵活性，使各门店根据自身的特征采取弹性的营销策略，确保了分店效益目标的实现，能有效提高企业的销售收入和营业利润。

企业无论采用哪种商品采购制度，都应该坚决执行总部制定的采购方针，这样有利于实施统一财务管理，降低公司的成本费用；有利于塑造统一的零售店铺形象，规范企业的经营行为；有利于发挥集中议价的优势，便于对货源的控制。

（二）采购流程

直营连锁企业商品采购流程，如图4-1所示。

商品请购 → 订购 → 收货、计数和验收

图4-1 直营连锁企业商品采购流程

（1）商品请购。

在直营连锁模式下，对于统一采购的商品，门店根据自身销售情况，填制商品请购单上报总部，总部审核批准后签发商品请购单至采购部门。

（2）订购。

采购部门根据商品请购单编制"商品订购单"，内容包括：商品的品名、规格、型号、订货数量、供货价格、供货条件、付款方式、送货地点等。"商品订购单"应预先予以编号并经过被授权的采购人员签名。

"商品订购单"一式五联，第一联送往连锁企业总部会计部门，用于复查交易，并作为付款的依据；第二联送交供应商，用于形成正式的商品采购合同，作为供应商向连锁企业供应商品的依据；第三联送交商品验收部门，作为验收部门在商品到达时进行验收的指令；第四联送交发出请购信息的仓储部门或者门店，告知对商品请购的正式处理；第五联由采购部门留存，待供应商发货时同供应商的送货单核对相符后作为签发"商品验收通知书"的依据。

（3）收货、计数和验收。

供应商接到"商品订购单"就着手组织商品的发运工作，在发送商品之前填写如表4-2所示的"送货单"一式五联：第一联是结算联，供应商将其连同发票一并送交连锁企业的财务部门，作为货款结算的依据；第二联是通知联，供应商将其送交连锁企业的采购部门，作为采购部门编制"验收通知书"的依据；第三联、第四联、第五联随货同行，其中第三、第四联作为连锁企业验收入库的依据，验收完毕后，第三联送交采购部门，第四联留存，第五联作为回单，验收完毕后，由送货员返还给供应商。

表4-2 送货单　　　编号：No.

供应商：　　　　　厂编：　　　　收货单位及地址：

货号	商品名称	商品条码号	规格	单位	送货数量	含税单价	含税总价	实收数量	生产日期	生产批号	保质期
		小计							备注		

收货单位盖章：　　签收人：　　车辆牌号：　　送货司机：　　制单：

送货单流程图，如图4-2所示。

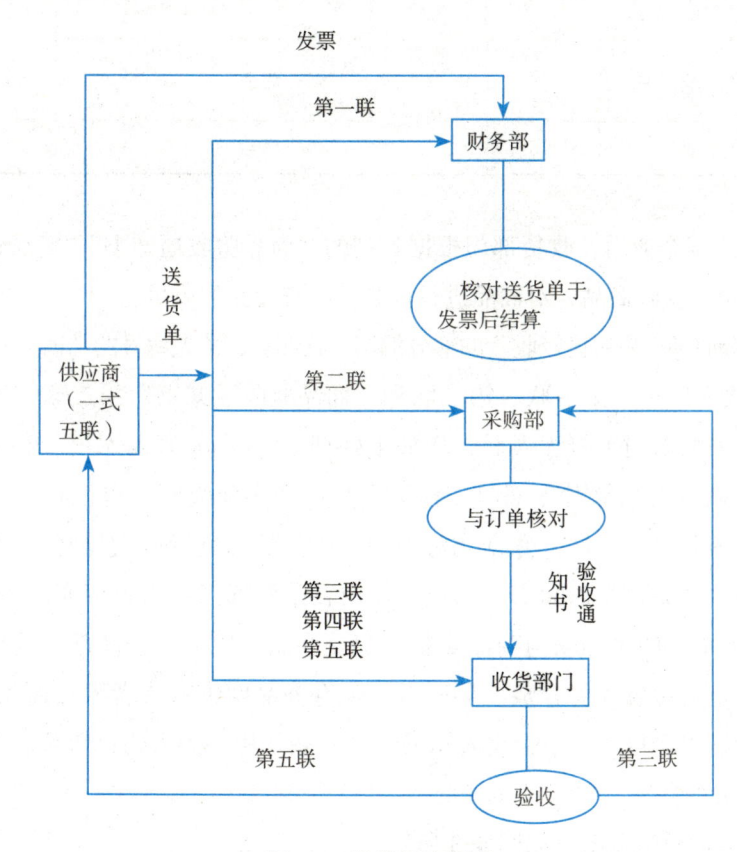

图4-2　送货单流程图

采购部门将"送货单"的第二联进行仔细审核，与"商品订货单"核对无误后，签发"商品验收通知书"，其格式如表4-3所示。"商品验收通知书"一式三联，签发完后全部送交收货部门，收货部门根据商品验收通知书、商品订购单和送货单验收商品。第一联验收部门留存，作为验收完毕的凭证。第二联和第三联待验收完毕后，交给采购部门。采购部门审核无误后，第二联连同商品验收入库单一起交给财务部门，作为记账依据。第三联采购部门留存。

表4-3　　商品验收通知书

供货单位：　　　　　年　月　日　　　　编号

订货单		进货总价			增值税额		附件张数		
付款	付款方法		验收商品目录	商品名称	订货数量	发货数量	进价	销价	差价
	运输短缺额			××商品					
	拒付金额			××商品					
	付款金额			××商品					
	预计付款日期	月　日		××商品					
验收	验收不符金额			××商品					
	验收金额			××商品					

商品送到连锁企业后，收货部门根据收到的"商品验收通知书""商品订购单"和供应商的"送货单"验收商品，对商品进行计数并检查商品的质量。

验收后，验收部门应对已经收货的部分编制一式四联、预先编号的"商品验收入库单"。"商品验收入库单"第一联、第二联和"商品验收通知书"第二联、第三联一并送交采购部门，采购部门审核无误后，作如下处理："商品验收入库单"和"商品验收通知书"的第二联转交总部财务部门，作为商品已经实际收到，登记存货账、物资采购账、应付账款等账户的依据，并据此对采购与验收活动进行后续控制。"商品验收入库单"第一联和"商品验收通知书"的第三联留在采购部门作为登记商品明细账的依据。"商品验收入库单"的第三联与商品实物一起交仓储部门，由仓储部门清点核对无误后将商品送往指定的位置保管存放，同时登记库存商品明细账或者库存商品卡片。"商品验收入库单"第四联和"商品验收通知书"第一联与相关的采购订单留在验收部门，作为验收活动完成的凭证。

商品验收入库单流程图，如图4-3所示。

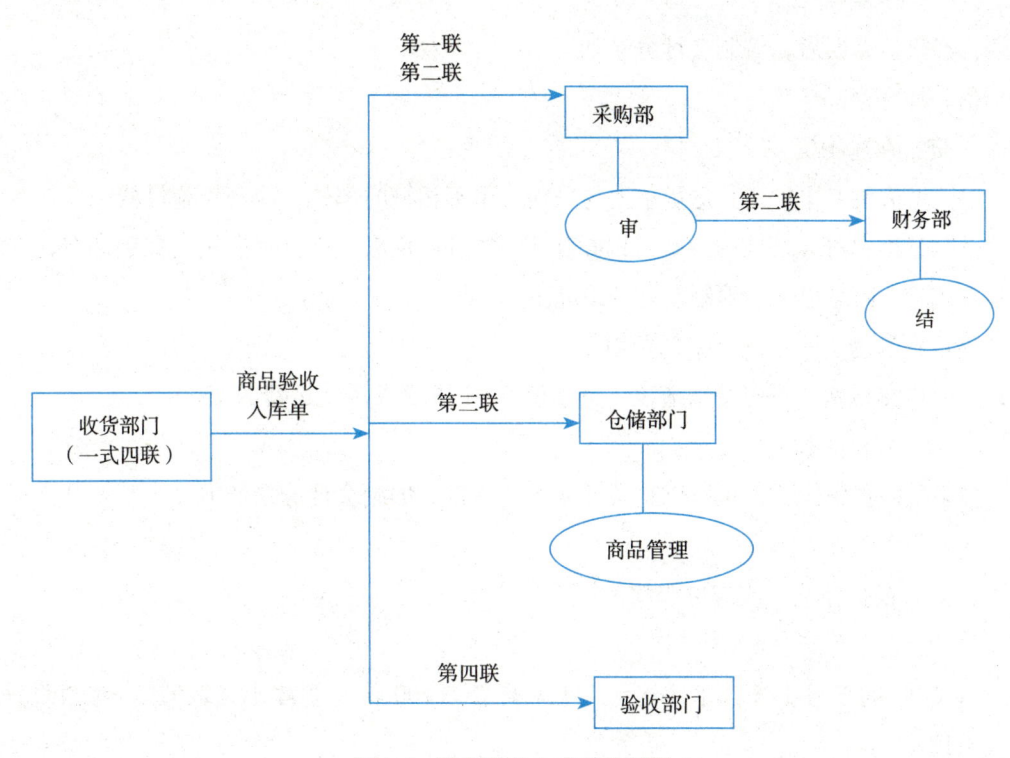

图4-3 商品验收入库单流程图

（三）采购商品成本的构成

连锁企业商品采购成本包括买价、运杂费和相关税金等。用公式表示为：

连锁企业商品采购成本＝买价＋购货费用＋相关税金

其中买价即发票上注明的价格；购货费用即采购过程中发生的相关支出，包括运杂费、运输途中的合理损耗、入库前的挑选整理费等；相关税金即采购商品时发生的应计入采购成本的税金，如消费税、关税等。

（四）采购过程中总部的账务处理

（1）收到发票和送货单。

采购部门审核供应商出具的增值税专用发票和送货单后转交财务部门。财务部门将增值税专用发票、送货单与采购订单审核无误后，作为付款依据，并根据增值税专用发票上列明的货款，编制会计分录如下：

借：在途物资——××供应商
　　应交税费——应交增值税（进项税额）
　贷：应付账款

（2）验收商品。

仓储部门验收商品时，查实商品的数量、质量符合约定，则在送货单上加盖"收讫"印章，其中一联退回采购部，由其注销合同；一联自留，登记商品库存账；一联送交财务部门，经审核无误后，编制会计分录如下：

　　借：库存商品
　　　　贷：在途物资

对于增值税专用发票和送货单上与采购订单不相符的部分，应当拒绝付款。

采购过程中符合条件的运费可以扣除9%的进项税额，而其他费用，如装卸费、保险费等直接计入商品成本。编制会计分录如下：

　　借：在途物资——商品采购费用
　　　　应交税费——应交增值税（进项税额）（进项税额+运费的9%）
　　　　贷：应付账款

如果采购费用较少，也可以直接计入当期损益。编制会计分录如下：

　　借：销售费用
　　　　贷：银行存款（或应付账款）

【例4-1】7月1日，乐活连锁超市采购肥皂100箱，每箱进价220元。增值税税率为13%。

财会部门根据采购部转来的增值税专用发票和送货单，经审核无误后，编制会计分录如下：

　　借：在途物资——肥皂　　　　　　　　　　　　　　　　22 000
　　　　应交税费——应交增值税（进项税额）　　　　　　　 2 860
　　　　贷：应付账款　　　　　　　　　　　　　　　　　　24 860

财会部门根据仓储部门转来的送货单，经审核无误后，结转商品的采购成本，编制会计分录如下：

　　借：库存商品——肥皂　　　　　　　　　　　　　　　　22 000
　　　　贷：在途物资　　　　　　　　　　　　　　　　　　22 000

（3）货物退回。

连锁企业总部统一购货时，由于进货量大，一般对原箱整件包装的商品验收时只做抽样检查。因此入库后复验商品时，难免会发现商品的数量、质量、品种和规格等不符合要求的情况，这时需与供货商联系、调换、补回商品，或者退货。

在发生进货退回时，供应商开出红字增值税专用发票，连锁企业收到后，由采购部门填制进货退回单据，通知仓储部门发运商品；仓储部门将进货退回的单据转交财会部门，财会部门据此进行退货的核算。

收到供货方开来的红字专用发票及本单位红字收货单等凭证时，应作如下会计分录：

借：应付账款——供货方
  贷：在途物资——供货方
    应交税费——应交增值税（进项税额）

同时，
借：在途物资——供货方
  商品进销差价
  贷：库存商品

【例4-2】9月8日，乐活超市从蓝天牙膏厂购进的一批100箱牙膏，每箱280元，共计28 000元，验收入库。9月9日，复验后发现有2箱不符合要求，经联系供货商同意退货。

收到蓝天牙膏厂开列的退货红字增值税专用发票，退货款560元，退增值税额72.80元。财务部收到采购部的进货退回单时，编制会计分录如下：

  借：应付账款   632.80
    贷：在途物资   560
      应交税费——应交增值税（进项税额） 72.80

同时，
  借：在途物资   560
    贷：库存商品   560

（4）购进商品发生短缺和溢余。

企业在组织商品购进过程中，由于自然因素和差错事故等因素，发生商品溢余和短缺，应及时按规定转入"待处理财产损溢"账户，查明原因，进行处理。

①商品溢余的核算。购进商品发生溢余，先按实收数入库，将溢余数按不含税进价转入"待处理财产损溢"账户。查明原因后，再分别情况进行处理。如系供货单位多发，在企业作同意购进情况下，由供货单位补开发货单，企业补付货款；如系运输途中自然升溢，应冲减当期损益。

【例4-3】宇宏商业企业从外地购进食品500千克，每千克进价20元，进项税额1 300元，售价24元（不含税），供货单位垫付运费500元，货款已承付。商品运到后，验收时发现多20千克，原因待查。

承付货款及运费时，作会计分录如表4-4所示：

表4-4　承付货款及运费会计分录

单位：元

项目	购进价	进项税	零售价	销项税	毛利
付款数	10 000	1 300	12 000	1 560.00	2 000
溢余数	400	—	480	62.40	80
合计	10 400	1 300	12 480	1 622.40	2 080

借：商品采购——食品组　　　　　　　　　　　　　　　　10 000
　　应交税金——应交增值税（进项税额）　　　　　　　　　1 300
　　经营费用——进货运费　　　　　　　　　　　　　　　　　500
　贷：银行存款　　　　　　　　　　　　　　　　　　　　 11 800

商品运到，按实收数入账，原因待查，作会计分录如表4-5所示：

表4-5　待查原因的商品按实收入账会计分录

单位：元

项目	购进价	进项税	零售价	销项税	毛利
付款数	10 000	1 300	12 000	1 560.00	2 000
溢余数	400		480	62.40	80
合计	9 600	1 300	11 520	1 622.40	1 920

借：库存商品——食品组　　　　　　　　　　　　　　　 14 601.60
　贷：商品采购——食品组　　　　　　　　　　　　　　 10 000.00
　　　商品进销差价　　　　　　　　　　　　　　　　　　4 201.60
　　　待处理财产损溢　　　　　　　　　　　　　　　　　　400.00

上项会计分录有关资料如下：

库存商品 =12 480+2 121.60=14 601.60=14 601.60（元）

商品进销差价 =2 121.60+2 080=4 201.60（元）

待处理财产损溢 =400（元）

经查明上项溢余商品系供货单位多发，经协商同意购进处理，对方补来专用发票，在付清货款时，作会计分录如下：

借：待处理财产损溢　　　　　　　　　　　　　　　　　　　400
　　应交税金——应交增值税（进项税额）　　　　　　　　　　52
　贷：银行存款　　　　　　　　　　　　　　　　　　　　　　452

②商品短缺的核算。购进商品发生短缺，先按实收数入库，将短缺数和相应的进项税额一起转入"待处理财产损溢"账户，查明原因后再分别情况进行处理。如果是供货单位少发商品，经联系后可由其补发商品或者作为退货处理；如果是运输途中自然损耗，则列入当期损益；如果是责任事故，应由运输部门或个人承担责任，记入"其他应收款"账户；如果由本企业承担损失的，报经批准后在"营业外支出"中列支。

【例4-4】设上例验收时发现短缺20千克作会计分录如表4-6所示：

表4-6 商品短缺会计分录

单位：元

项目	购进价	进项税	零售价	销项税	毛利
付款数	10 465	1 735	12 000	1 560.00	1 535
短缺数	-400		-480	62.40	-80
合计	10 065	1 735	11 520	1 622.40	1 455

承付货款及运费时，作会计分录如下：

借：在途物资——食品组　　　　　　　　　　　　　　10 465
　　应交税费——应交增值税（进项税额）　　　　　　1 735
　贷：银行存款　　　　　　　　　　　　　　　　　　12 200

商品运到，按实收数入账，原因待查，作会计分录如下：

借：库存商品——食品组　　　　　　　　　　　　　　13 478.40
　　待处理财产损溢　　　　　　　　　　　　　　　　400.00
　贷：在途物资——食品组　　　　　　　　　　　　　10 465.00
　　　商品进销差价　　　　　　　　　　　　　　　　3 413.40

上项会计分录有关资料如下：

库存商品 =11 520+1 958.40=13 478.40（元）

商品进销差价 =1 455+1 958.40=3 413.40（元）

待处理财产损溢 =400（元）（借方）

经查明上项短缺商品中10千克系供货单位少发，经联系由对方补发商品，商品已收到。另10千克系运输部门责任事故，应由其赔偿。

借：库存商品——食品组　　　　　　　　　　　　　　280.80
　　其他应收款——运输部门　　　　　　　　　　　　200.00
　贷：商品进销差价　　　　　　　　　　　　　　　　80.80
　　　待处理财产损溢　　　　　　　　　　　　　　　400.00

库存商品 =10×24×（1+17%）=280.80（元）

其他应收款 =10×20=200（元）

商品进销差价 =280.8-10×20=80.8（元）

（5）购进商品拒付货款或者拒收商品。

在商品采购过程中，如果发现供应商发来的商品与购销合同不符，可以拒收。在拒收商品时，应由采购部门填写拒收商品通知单，尽快通知供货商，然后填制代收商品收货单一式三联，一联留存，另两联交仓储部门。仓储部门验收后，加盖"收讫"章，其中一联留存将其数量作为账外记录，并将拒收商品妥善保管，与库存商品分别存放，不能动用；另一联由仓储部门交财会部门，据以计入代管商品物资备查簿。

二、总部与门店之间的往来业务

连锁企业内部往来是指连锁企业内部不同单位之间的经济业务往来，这种经济业务往来的核心，实质上就是资金往来，连锁企业内部不同单位之间的资金往来大致有以下几种情况：

由上而下的资金往来，指总部向所属基层单位划拨资金，包括商品资金的划拨、货币资金的划拨、固定资产的划拨等。

由下而上的资金往来，指基层单位向总部划转资金，包括营业款的划转、退回商品、总部收回固定资产等。

横向之间的资金往来，指基层单位之间互相划拨资金，包括基层门店间相互调拨商品和调拨固定资产等。

所谓的内部往来核算是指对连锁企业内部不同单位之间资金转移时的转账核算。

（一）内部往来核算的重要意义

在内部往来制的核算体制下，连锁企业的各个基层单位要建立比较完整的会计核算体系，以完整地反映、记录本单位所管辖的资金及资金使用所创造的经济效益，这对于加强企业内部经济责任制，调动基层单位管财管物的积极性，激发基层单位的经营热情是十分有利的。但是，每个单位建立了比较完整的会计核算组织体系后，必须加强企业内部往来的核算，以界定不同单位对资金管理的经济责任，同时也是为了准确考核基层单位的经济效益。这样一来，企业内部经济往来的业务显著增加了。这一新的矛盾，又需要继续采取相应的措施来解决。

（二）内部往来的基本原则

（1）统一原则。

如前所述，连锁企业内部的资金往来包括自上而下、自下而上、横向之间三种情况，在连锁企业集中统一的管理体制下，不管属于哪种资金往来关系，均须通过总部财务部门统一转账，任何基层单位之间不得跳过总部财务部门私自转账。为了满足连锁企业内部往来转账核算的需要，总部财务部门可以单独设立综合会计一人或者若干人（视情况及转账工作量大小而定）专门负责企业内部往来核算的转账工作。

（2）集中原则。

企业中的经济业务是十分复杂的，但是再复杂的业务，也可以根据其本质进行不同的分类。在内部往来的转账核算中，不管是什么性质的企业核算，应当尽可能将性质相同的经济业务相对集中进行转账，以减少内部往来的转账次数，从而最大限度减少内部往来的转账工作量。这是简化内部往来核算首先要考虑的问题。

（3）简化原则。

简化原则是指以集中转账为基础，从根本上取消内部转账明细账，代之以其他信息方法。如果连锁企业内部会计核算已经实现了计算机网络化，那么只要在程序设计上充分考虑内部往来核算转账的需要，这些企业内部往来的核算不仅完全可以由计算机的自动核算取代繁重的手工核算，而且也将大大提高内部往来核算的时效性和准确性。

（三）内部往来核算的方法选择

连锁企业内部往来核算有两种方法可供选择。

（1）设置明细账的内部往来核算。

总部设置"基层往来"账户，按所属单位进行明细分类核算。门店设置"总部往来"账户，与总部的"基层往来"明细账户相对应。企业内部资金往来的核算均通过这两个账户进行。

总部对所属基层单位各种类型资金的拨付，均记入"基层往来"账户。增加对所属基层单位的资金拨付，记入"基层往来"账户的借方；收回或者减少所属基层单位资金，计入"基层往来"账户的贷方。总部"基层往来"账户的借方余额表示总部对所属单位拨付的资金数，可以理解为是总部对基层单位的一项债权；贷方余额表示对所属基层单位资金的占用数，可以理解为总部对基层单位的负债。

与总部"基层往来"账户相对应，各所属单位使用"总部往来"账户，其记账方向与总部"基层往来"的记账方向相反，即拨入资金记贷方，交回资金记借方。基层单位"总部往来"账户的贷方余额表示从企业拨入该单位的资金总额，可以理解为基层单位对总部的负债；借方余额表示总部对基层单位的资金占用，可以理解为基层单位对总部的债权。

在该种方法下，所有内部往来的经济业务都逐笔、序时地登记在相应的基层往来明细账中。这种核算方法的优点是：核算详细，记录齐全，寻求对账产生的差异方便。一般企业，即使基础工作稍差的企业都可以采取这种核算方法，但是记账工作量太大。

（2）不设置明细账的内部往来核算。

由于设置明细账的内部往来核算的记账工作量大，因此，有的企业采用不设置内部往来明细账的核算方法。在这种核算方法下，总部不设置"基层往来"明细账，由基层单位编制报送的"总部往来报告表"代替。具体过程如下：总部的不同业务机构定期或者月末向总部财务部门报送相关的业务汇总表；基层门店定期或者月末向总部财务部门报送"总部往来汇总表"；总部财务部门采取一定的方法将相关业务部门的账目和基层报送的"总部往来汇总表"予以核对。

在直营连锁企业中，总部与各门店之间的联系非常紧密。这种联系往往依赖网络信息系统。总部负责汇总信息，进行商品的采购、统计滞销产品并做出处理决定，由各门店严格执行。日常的账务处理也会都集中在总部进行。

这种核算方法可以大量减少日常的记账工作量，但是一旦出现对账差错，寻找问题比较困难，所以，只有在会计基础工作做得比较好的企业才可以采取这种核算方法。

【例4-5】8月31日，由于甲门店所处的地理位置不合适，致使购入的搅拌器滞销。甲门店将10箱搅拌器（1 800元）退回总部配送中心。门店、配送中心和总部分别编制会计分录如下：

甲门店：

借：总部往来   1 800
　　贷：库存商品   1 800

配送中心：

借：库存商品   1 800
　　贷：总部往来   1 800

总部财务部门：

借：配送往来   1 800
　　贷：门店往来——甲门店   1800

三、返利与进场费业务

超市等连锁零售企业的商品销售量非常大，所以商品供应商们为了达到成为连锁企业商品供应者的目的，往往给予连锁企业一定的返利优惠，以便成功推销商品，增加竞争力。供应商给予连锁企业的返利一般分为现金返利和实物返利。现金返利和实物返利都是供应商承诺连锁企业当期销售数量或销售额达到一定数量时，给予连锁企业的优惠返利。这种与商品销售数量或销售额挂钩的返还收入，应按照平销返利行为的有关规定冲减当期增值税进项税额，同时，由于大多数的平销返利是在商品售出后结算的，相当于进货成本的减少，所以应冲减"主营业务成本"账户，但具体核算时，两者是有区别的。

（一）现金返利的账务处理

【例4-6】根据某生产企业和某超市签订的长期购销协议，当超市某月销售某产品超过（含）80万元（不含税）时，给予不含税销售额1%的现金返利，当超过（含）100万元（不含税）时，给予不含税销售额2%的现金返利。2019年11月底，该生产企业按协议返还2万元现金给超市。假定某超市为一般纳税人，增值税税率为13%。

按平销返利行为税费的有关规定，返还的2万元视同含税购入的商品，冲减当月购入商品，所以应当冲减当期增值税进项税额和库存商品，相当于进货成本的减少，但由于大多数的平销返利是在商品售出后结算的，所以不直接冲减"库存商品"账户，而是冲减"主营业务成本"账户。某超市收到返还的2万元现金时，计算并编制如下会计分录：

应转出的进项税额 =20 000/（1+13%）×13%=2 300.88（元）

应冲减主营业务成本的金额 =20 000-2 300.88=17 699.12（元）

借：银行存款　　　　　　　　　　　　　　　20 000
　　贷：主营业务成本　　　　　　　　　　　　17 699.12
　　　　应交税费——应交增值税（进项税额转出）　2 300.88

通过分析，现金返利一方面因为冲减了主营业务成本而增加了应纳税所得额，要缴纳相应的企业所得税；另一方面，减少了增值税的进项税额，从而要缴纳相应的增值税。

（二）实物返利的账务处理

【例4-7】假如某生产企业和某超市签订长期购销协议，当超市某月销售某产品超过（含）80万元（不含税）时，给予不含税销售额1%的该产品作为实物返利，当超过（含）100万元（不含税）时，给予不含税销售额2%的该产品作为实物返利。2019年11月底，生产企业按协议给予超市2万元的产品作为实物返还。假定某超市为一般纳税人，增值税税率为13%。

由于该平销返利行为是实物返还，所以根据超市收到实物时，是否同时收到供应商开具的增值税票，有两种会计处理情况。

（1）取得增值税发票时，计算并编制如下会计分录：

应转出的进项税额 =20 000/（1+13%）×13%=2 300.88（元）

应冲减主营业务成本的金额 =20 000-2 300.88=17 699.12（元）

借：库存商品　　　　　　　　　　　　　　　17 699.12
　　应交税费——应交增值税（进项税额）　　　 2 300.88
　　贷：主营业务成本　　　　　　　　　　　　17 699.12

应交税费——应交增值税（进项税额转出）　　　　　　2 300.88

（2）未取得增值税发票时，计算并编制如下会计分录：

　借：库存商品　　　　　　　　　　　　　　　　　　　20 000

　　贷：主营业务成本　　　　　　　　　　　　　　　　17 699.12

　　　　应交税费——应交增值税（进项税额转出）　　　　2 300.88

可见，无论是否取得增值税专用发票，都要按货物的公允价值冲减成本，缴纳同样数量的所得税，如果取得增值税专用发票，则有抵税作用，不缴纳增值税，如果未取得增值税专用发票，则要缴纳增值税。

（三）进场费等的账务处理

作为公开的商业秘密和合作条件，进场费是指大型连锁超市等销售商利用自身的销售网络优势，采取多种多样的方式，主动向生产厂家或供货商收取的商品销售返利、返点、广告宣传费、促销费、管理费、展台制作费、店庆费、节日促销费及其他大型促销费用等。这些费用与商品销售无必然联系，不属于平销返利行为，所以不冲减当期增值税进项税额，而应视同代理销售收取服务费，一般计入连锁企业的"其他业务收入"科目，并按服务业缴纳增值税，对应的增值税额应计入"其他业务成本"科目。

【例4-8】承接【例4-6】，假如某生产企业11月份支付给某超市1 500元的展台制作费、1 000元的店庆费、2 500元的节日促销费、2 000元的管理费和5 000元的广告费。假定以上费用均适用于6%的增值税率。

　某超市计算的增值税 =12 000×6%= 720（元）

　借：银行存款　　　　　　　　　　　　　　　　　　　12 720

　　贷：其他业务收入　　　　　　　　　　　　　　　　12 000

　　　　应交税费——应交增值税　　　　　　　　　　　　720

有时，总部并未直接收到支票或现金，而是按双方约定从应支付给供货商的应付账款中扣除，此时的会计分录如下：

　借：应付账款——××供应商　　　　　　　　　　　　12 720

　　贷：其他业务收入　　　　　　　　　　　　　　　　12 720

（四）返利的财税问题

连锁企业经常会涉及现金返利和实物返利的情况，下面就这两种情况在财税方面加以详细说明。

平销返利，即生产企业以商业企业经销价或高于商业企业经销价的价格将货物销售给商业企业，商业企业再以进货成本或低于进货成本的价格进行销售，生产企业则以返还利润等方式弥补商业企业的进销差价损失。在实践中，部分生产企业赠送实物或商业企业经销此类实物不开发票、不记账，以此来达到偷税的目的。平销行为会造成地区间增值税收入非正常转移，造成税收流失。

为了规范企业的平销返利行为，国家先后出台若干政策进行约束。在此，将以实例形式，就企业如何正确处理两类平销返利，即现金返利与实物返利的财税问题进行解析。

（1）现金返利的实务处理。

根据《国家税务总局关于平销行为征收增值税问题的通知》（国税发〔1997〕167号）及《国家税务总局关于商业企业向货物供应方收取的部分费用征收流转税问题的通知》（国税发〔2004〕136号）规定，商场收取的返还收入，应按规定冲减当期增值税进项税金。且强调，商业企业向供货方收取的各种收入，一律不得开具增值税专用发票。

在平销返利活动中，商场从供应商手里收取上述返还资金，其实并不是销售收入，而是对进销差价损失的补偿，也可以理解为是对购进成本价的让步，自然不允许开具增值税专用发票。

根据《国家税务总局关于纳税人折扣折让行为开具红字增值税专用发票问题的通知》（国税函〔2006〕1279号）规定：纳税人销售货物并向购买方开具增值税专用发票后，由于购货方在一定时期内累计购买货物达到一定数量，或者由于市场价格下降等原因，销货方给予购货方相应的价格优惠或补偿等折扣、折让行为，销货方可按现行《增值税专用发票使用规定》的有关规定开具红字增值税专用发票。

综上可以看出，对于商场向供应方收取的返还资金，商场不应出具发票，而应由供应方出具红字专用发票。

【例4-9】甲公司为某商场的商品供应商，每期期末，按商场销售本公司商品金额的5%进行平销返利。2011年11月份商场共销售甲公司商品金额226万元，按约定收到返利11.3万元。

商场对现金返利的财税处理如下。

2011年11月末依据取得的供应方红字专用发票，冲减当期增值税进项税金，同时冲抵当期已销成本，作如下财务处理：

借：银行存款　　　　　　　　　　　　　　　　　　113 000
　贷：主营业务成本　　　　　　　　　　　　　　　100 000
　　　应交税费——应交增值税（进项税额转出）　　 13 000

同时，商场在当期增值税申报表上的"红字专用发票通知单注明的进项税额"栏做进项税额转出申报。

供应商对现金返利的财税处理如下。

2011年11月31日，经计算应返利11.3万元，开具红字专用发票，凭此红字发票进行如下处理：

借：主营业务收入　　　　　　　　　　　　　　　　　　100 000
　　应交税费——应交增值税（销项税额）　　　　　　　 13 000
　　贷：银行存款　　　　　　　　　　　　　　　　　　113 000

供应商在当期增值税申报表上并不专门体现"红字专用发票"销售额，而是作为对销售收入的抵减额合并申报。

（2）实物返利的实务处理。

相对于现金返利而言，实物返利的处理要复杂一些。

根据《国家税务总局关于平销行为征收增值税问题的通知》（国税〔1997〕167号）规定，供应商平销返利的方式不论是资金返还赠送实物或其他方式，商业企业因购买货物而从供应商方取得的各种形式的返还资金，均应依所购货物的增值税税率计算应冲减的进项税金，并从其取得返还资金当期的进项税金中予以冲减。

相应地，供应商的实物返利也应作如下处理：一是实物的视同销售，二是完成利润返还。完成利润返还与现金返还的处理一致，而返利实物的视同销售是要计征增值税销项税额的。也就是说，供应商在实物返利时，要同时确认价格折让引起的前期已确认收入、销项税额的减少，以及赠送实物视同销售引起本期收入、销项税额的增加。而在如何开具发票的处理上，也会直接体现为两份发票，一是折让的红字发票，二是视同销售的蓝字发票。

【例4-10】甲公司为某商场的商品供应商，每期期末，按商场销售本公司商品金额的5%进行平销返利。2019年11月份商场共销售甲公司商品金额234万元，按约定收到返利11.3万元。

商场对实物返利的财税处理如下。

2019年11月31日，经计算返利11.3万元，取得供应方红字专用发票（以下简称"票1"），凭此红字发票冲减当期增值税进项税金，同时取得返利实物的增值税蓝字发票（以下简称"票2"）抵扣联，按正常购进货物进项税额处理如下：

借：库存商品——平销返利　　　　　　　　　　　　　　100 000
　　应交税费——应交增值税（进项税额）　　　　　 13 000（票2）
　　贷：主营业务成本　　　　　　　　　　　　　　　　100 000
　　　　应交税费——应交增值税（进项税额转出）　13 000（票1）

票1对应的进项税额,商场在当期增值税申报表上附表二第21行"红字专用发票通知单注明的进项税额"作进项税额转出申报;票2对应的进项税额则在当期增值税申报表上附表二第2行"本期认证相符且本期申报抵扣"作抵扣进项税额申报。

供应商对实物返利的财税处理如下。

【例4-11】2019年11月31日,经计算应返利11.3万元,开具返利折让引起的红字专用发票(对应上述票1),同时开具返利实物视同销售的增值税蓝字发票(对应上述票2),作如下财务处理:

借:主营业务收入　　　　　　　　　　　　　　　　　100 000
　　应交税费——应交增值税(销项税额)　　　　　　13 000(票1)
贷:库存商品　　　　　　　　　　　　　　　　　　　100 000
　　应交税费——应交增值税(销项税额)　　　　　　13 000(票2)

与现金返利相同,供应商在当期增值税申报表上并不专门体现"红字专用发票"销售额,而是作为对销售收入的抵减额合并申报。

需要注意的是,对外购实物进行返利,计算缴纳企业所得税时,要相应调增视同销售收入10万元及相应成本10万元。

综上,根据有关税法规定,无论是从购货单位还是从供货厂家取得的返利,不论是取得现金返还是实物返利,均应申报纳税。但在具体税务处理上方法有所不同。商业企业从购货单位取得的返利属于价外费用,应并计入销售额计算缴纳增值税。而对于从供货方取得的返利,它是因购买货物而从销售方取得的返还资金。《国家税务总局关于平销行为征收增值税问题的通知》对此有明确规定,凡增值税一般纳税人,无论是否有平销行为,因购买货物而从销售方取得的各种形式的返还资金(除工资、电话费、租金),要从其取得返还资金当期的进项税金中予以冲减。

四、总部收到营业款的处理

总部收到的营业款有现金和非现金两种情况。

(一)现金营业收入

门店开户银行将门店的营业款项转到总部指定的银行存款账户以后,总部根据银行的进账单和门店的内部转账通知书作会计分录如下:

借:银行存款
　　贷:基层往来

月末,总部根据由各个门店编制的内部转账通知书,编制会计分录如下:

借：基层往来
　　贷：主营业务收入
　　　　应交税费——应交增值税（销项税额）
借：主营业务成本
　　贷：基层往来

（二）非现金营业收入

总部按照门店转来的内部转账通知书，根据不同的情况分别作会计处理，支票和信用卡回执及时送交银行，根据银行进账单，增加银行存款；米票、水票和IC卡则冲减有关负债账户，会计分录如下：

借：银行存款（支票和信用卡消费）
　　预收账款——米票
　　　　　　——水票
　　　　　　——IC卡
　　贷：基层往来

（三）总部购物卡的发行

当连锁企业总部发行购物卡时，总部的会计分录如下：

借：银行存款
　　贷：预收账款——购物卡

当顾客持卡在门店购物时，门店进行相应的账务处理后，将信息转回总部。总部编制会计分录如下：

借：预收账款——购物卡
　　贷：基层往来

第三节　直营连锁模式门店的会计核算

直营连锁模式下的各个门店是连锁企业的一个组成部分，其人、财、物等经济资源都由总部统一配置，采购、管理、销售等环节都由总部统一安排。总部对于直营门店的商品配送，只是商品在连锁企业内部发生了地点的转移，并没有发生所有权的转移。因此，只有商品在门店销售完成后，总部才能确认该商品的销售收入。

门店的职能是从事商品销售，按照总部的规程，采取标准化和规范化的经营方式，实现销售最大化的经营目标。

一、门店进货和库存商品

（一）商品配送申请

按照总部对连锁企业门店的商品结构设计要求，门店组织商品的进货。在直营连锁的模式下，门店没有采购权利，只有采购建议权。具体而言，门店的采购部门要向总部提出进货要求，由总部的配送中心统一集配和送货。对于鲜活商品，一般在总部的统一管理下，由供货商将这些鲜活商品直接送到各连锁门店。若超市中的熟食品区是由食品经营商承包经营的，制作食品所需的各类原材料由承包商自己负责解决，门店只在食品的种类、质量、价格等方面提出管理标准和要求，不负责这些承包商的原材料采购。

（二）门店收到总部配送中心的商品

商品运到门店，门店收货人员要根据总部统一制定的门店进货业务验收流程，认真验收总部配送中心配送来的配销商品或供应商的直送商品。验收合格后，验收人员在发货单上签字、盖章，并根据验收商品的实际情况，按照总部规定的操作规范，编制有关商品验收、入库等原始凭证和记账凭证，并据以登记有关账户，准确反映门店和总部配送中心的商品价值结算关系和商品入库情况。

门店接受了总部配送中心的商品后，该商品的保管责任也就由总部配送中心转移到门店。因此，门店需要对该商品的收入、发出和结存进行管理核算。

（三）门店库存商品的核算

由于一个门店库存商品的数量与总部配送中心相比要少得多，对库存商品的管理环节和管理层次上也比总部配送中心简单得多。所以，门店可以采取"二级核算，分类统制"的核算方法，也可以采取"三级核算，分类统制"的方法进行核算。

（1）库存商品二级明细分类核算。

门店不设库存商品卡片账，按商品大类设置只登记金额、不登记数量的二级明细分类账，商品金额为进价金额。

门店定期将已经审核过的送货单和门店汇总表按照商品的大类进行汇总，编制月份商品配送汇总表，计算收入商品的数量和进价。

门店根据月份商品配送汇总表中的进价登记相应的库存商品二级明细分类账，以库存商品的二级明细分类账统制所属的库存商品三级明细分类账，以库存商品的三级明细分类账统制库存商品实物。库存商品二级明细分类账应与三级明细分类账相核对。

月末，门店在收到总部转来的内部转账通知书和发货单门店汇总表后，将其与门店仓库保管员登记入账的在库存商品卡片账核对无误后，编制会计分录如下：

借：库存商品

　　　　贷：总部往来——商品调拨

　　【例4-12】某连锁企业配送中心于5月4日向甲门店配送家用搅拌器12箱，每箱10件，向乙门店配送12箱，每箱11件，进价单价15元，售价单价19元。编制相关会计分录。

　　　　甲门店在验收后，编制会计分录如下：
　　　　　借：库存商品　　　　　　　　　　　　　　　　　1 800
　　　　　　贷：总部往来——商品调拨　　　　　　　　　　　1 800
　　　　乙门店在验收后，编制会计分录如下：
　　　　　借：库存商品　　　　　　　　　　　　　　　　　1 980
　　　　　　贷：总部往来——商品调拨　　　　　　　　　　　1 980

　　（2）库存商品三级明细分类核算。

　　在二级明细分类核算中，将库存商品卡片与库存商品三级明细分类账合并为一套，按照不同商品品种、规格设置既记录商品数量又记录商品金额的库存商品三级明细分类账。在三级明细分类核算中，将库存商品三级明细分类账与库存商品卡片账分开记录。

　　库存商品验收完成后，应及时在库存商品卡片上登记入库数量，计算出数量余额。同时，在库存商品三级明细分类账上登记库存商品数量和金额，计算出库存商品的数量及金额的余额。

　　（3）对账方法。

　　库存商品二级明细分类账中某一类库存商品的余额与所属库存商品三级明细分类账的金额余额合计核对相符，库存商品三级明细分类账的数量余额与实际库存数量核对相符。

二、门店之间商品调拨和退货

　　连锁企业的商品一般是总部集中采购，然后由配送中心纵向配送到各个销售门店进行销售，门店与门店之间一般不进行商品的横向调拨。但有时出于下面两种需要，可能会发生门店之间的横向商品调拨：第一，临时需要，下属的各个门店中，某个门店因为顾客临时下大量订单等原因使得销售急剧扩大，但是本店因库存不足发生临时缺货，且配送中心或供应商无法及时供货，这时就可能会向其他门店调拨商品；第二，调节余缺，有时因门店所处的地理位置或者消费者的消费偏好等原因，往往会造成某种商品在某门店脱销，而在另一门店却积压的现象，此时，为了加速商品资金的周转，就需要在不同的门店之间调剂商品余缺，通过总部把积压门店的商品调拨给商品脱销的门店。

　　门店之间进行商品调拨并不是随意进行的，它必须满足一定的条件，按照图4-4顺序进行商品调拨。

总部统一部署 —— 联系其他门店 —— 双方店长同意

图4-4　门店之间商品调拨顺序

为了更好地完成门店之间的商品调拨，在运作时应该注意下列问题：第一，门店之间的商品调拨必须在总部的统一部署和安排下进行，严禁门店之间私下交易，避免造成商品管理的混乱和差错；第二，对于临时大批量的调拨，门店在接单前必须确认可调拨数量是否足够，以免任意接单而影响连锁企业的商誉；第三，门店之间的商品调入与调出，必须在双方店长同意的情况下进行。

（一）直营店间调拨商品的账务处理

直营店间调拨商品的账务处理如图 4-5 所示。

直营店间调拨商品的账务处理
- 调出门店的会计核算
- 总部财务部门的会计核算
- 调入门店的会计核算

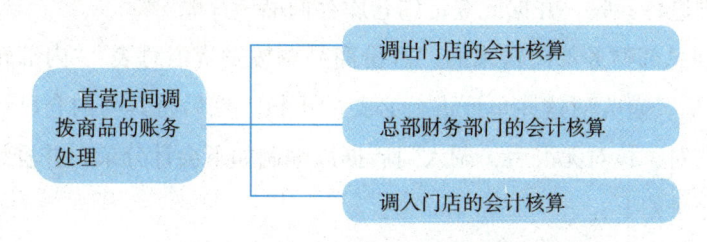

图4-5　直营店间调拨商品的账务处理

（1）调出门店的会计核算。

调出门店根据调出的商品签发"商品调拨单"，第一联交给送货人员随调出商品同行，第五联由调出门店的内仓保管员登记库存商品卡片账，其余三联转交给财务或者门店核算员。

月末或者定期，调出门店的门店会计根据"商品调拨单"第四联汇总编制"月份商品调拨发货汇总表"，同时根据汇总数签发"内部转账通知书"，留存一联"月份商品调拨发货汇总表"和"内部转账通知书"作为编制会计分录的原始凭证，并据此登记库存商品明细账和内部往来账。会计分录如下：

商品按照进价金额核算的账务处理，

借：总部往来——商品调拨（进价）

　　贷：库存商品——××类（进价）

商品按照售价金额核算的账务处理，

借：总部往来——商品调拨（进价）

　　商品进销差价

　　贷：库存商品——××类（售价）

其余两联"月份商品调拨发货汇总表"和"内部转账通知书"，附上"商品调拨单"的第二联和第三联一并转交总部财务部门。

(2)总部财务部门的会计核算。

总部财务部门接到调出门店转来的"月份商品调拨发货汇总表""内部转账通知书"及"商品调拨单"后，加盖"转讫"专用章，各留存一联，据以编制转账凭证，并登记调入门店和调出门店往来账。

借：基层往来——调入门店（进价）
    贷：基层往来——调出门店（进价）

总部财务部门将另一联"月份商品调拨发货汇总表""内部转账通知书"及"商品调拨单"一并转交给调入门店。

(3)调入门店的会计核算。

调入门店收到调入的商品时，内仓商品保管员根据随货同行的"商品调拨单"第一联对调入商品实物进行验收，并据此登记内仓库存商品卡片账。

月末，接到总部财务部门转来的"月份商品调拨发货汇总表""内部转账通知书"及"商品调拨单"后，首先对这些单证进行必要的审核，然后将其与内仓已经入账的库存商品卡片账进行核对，核对无误后，调入门店据以编制如下会计分录，并登记库存商品明细分类账。会计分录如下：

商品按照进价金额核算的账务处理，

借：库存商品——××类（进价）
    贷：总部往来——商品调拨（进价）

商品按照售价金额核算的账务处理，

借：库存商品——××类（售价）
    贷：商品进销差价
        总部往来——商品调拨（进价）

【例4-13】2019年8月1日紫竹院店（直营门店）接到某超市总部通知，将6箱（每箱100块）某洗涤类产品调拨到西城店（直营门店）。该产品每块的原不含税进价为3.93元，不含税内部调拨价为4.63元，不含税销售价为7.13元，增值税税率为13%。请编制关于直营店之间商品调拨业务的会计分录。

若按进价金额核算，会计分录为：

调出门店紫竹院店的会计分录，

借：总部往来——商品调拨（6×100×3.93）   2 358
    贷：库存商品——洗涤类（6×100×3.93）   2 358

总部财务部门的会计分录，

借：基层往来——西城店（商品调拨）（6×100×3.93） 2 358

贷：基层往来——紫竹院店（商品调拨）（6×100×3.93）　　2 358
　调入门店西城店的会计分录，
　　借：库存商品——洗涤类（6×100×3.93）　　2 358
　　贷：总部往来——商品调拨（6×100×3.93）　　2 358
　若按售价金额核算，会计分录为：
　调出门店紫竹院店的会计分录，
　　借：总部往来——商品调拨（6×100×3.93）　　2 358
　　　　商品进销差价——洗涤类　　1 920
　　贷：库存商品——洗涤类（6×100×7.13）　　4 278
　总部财务部门的会计分录，
　　借：基层往来——西城店（商品调拨）（6×100×3.93）　　2 358
　　贷：基层往来——紫竹院店（商品调拨）（6×100×3.93）　　2 358
　调入门店西城店的会计分录，
　　借：库存商品——洗涤类（6×100×7.13）　　4 278
　　贷：总部往来——商品调拨（6×100×3.93）　　2 358
　　　　商品进销差价——洗涤类　　1 920

　　如果门店之间的商品调拨涉及加盟店和合资店，其商品调拨的手续与单证的流转程序与直营门店之间的商品调拨基本相同。但是，会计核算的方法却因为调拨商品所涉及的门店对象不同而有所区别。
　　按照调拨商品的流转方向的不同，可以具体分为直营店向加盟店调拨商品、加盟店向直营店调拨商品、加盟店向加盟店调拨商品三种情况。本章主要介绍涉及直营店的商品调拨。
　　（二）直营店调拨加盟店的会计核算
　　（1）调出单位（直营店）的会计核算。
　　直营店根据"商品调拨单"第五联，按照调出数在内仓库存商品卡片账上登记减少数。月末，根据"商品调拨单"第四联汇总编制"月份商品调拨发货汇总表"，并签发"内部转账通知书"。留存一联"月份商品调拨发货汇总表"和"内部转账通知书"，作为编制会计分录的原始凭证并登记库存商品明细账和内部往来账，会计分录如下：
　　商品按进价核算，
　　　借：总部往来——商品调拨（调拨价）
　　　　贷：库存商品——××类（调拨价）
　　商品按售价核算，
　　　借：总部往来——商品调拨（调拨价）

商品进销差价
　　贷：库存商品——××类（售价）

（2）总部财务部的会计核算。

加盟店与连锁企业的资产产权属于不同的所有者，所以，商品由直营店调往加盟店是商品在不同所有者之间的转移，对连锁企业而言，相当于向加盟店销售了一批商品，因此连锁企业应当将其确认为商品销售收入。

总部财务部门接到调出门店转来的"月份商品调拨发货汇总表""内部转账通知书"及"商品调拨单"后，在"内部转账通知书"上加盖"转讫"专用章，留存一联据以编制内部往来的会计分录。将一联"内部转账通知书"附上"商品调拨单"和"月份商品调拨发货汇总表"转送至调入商品的加盟店，并根据这3张原始凭证所列的调拨价向加盟店开具销售发票，编制如下会计分录：

借：基层往来——××加盟店（调拨价+增值税）
　　贷：主营业务收入
　　　　应交税费——应交增值税（销项税额）
借：主营业务成本
　　贷：基层往来——××门店（进价）

（3）调入单位（加盟店）的会计核算。

加盟店在接收到调入的商品以后，以随货同行的商品调拨单作为商品实物验收的依据，对商品实物验收无误后，登记库存商品卡片账。

月末，接到总部财务部门转来的"月份商品调拨发货汇总表""内部转账通知书"及"商品调拨单"后，将其与随货同行的"商品调拨单"及内仓已经入账的库存商品卡片账进行核对，核对无误后，编制如下会计分录：

商品按进价核算，

借：库存商品——××类（调拨价）
　　应交税费——应交增值税（进项税额）
　　贷：总部往来——商品调拨（调拨价+增值税）

商品按售价核算，

借：库存商品——××类（售价）
　　应交税费——应交增值税（进项税额）（调拨价×税率）
　　贷：商品进销差价——××类
　　　　总部往来——商品调拨（调拨价+增值税）

【例4-14】2019年8月15日紫竹院店（直营门店）接到某超市总部通知，将

3 箱（每箱 100 块）某洗涤类产品调拨到另一加盟店。该产品每块的原不含税进价为 3.93 元，不含税内部调拨价为 4.63 元，不含税销售价为 7.13 元，增值税税率为 13%。请编制关于调拨业务的会计分录。

若按进价金额核算，会计分录为：

调出直营门店紫竹院店的会计分录，

借：总部往来——商品调拨（3×100×3.93） 1 179
　　贷：库存商品——洗涤类（3×100×3.93） 1 179

总部财务部门的会计分录，

借：基层往来——××加盟店（商品调拨）[3×100×4.63×（1+13%）] 1 569.57
　　贷：主营业务收入（3×100×4.63） 1 389
　　　　应交税费——应交增值税（销项税额）（3×100×4.63×13%）180.57

同时按照进价结转成本：

借：主营业务成本 1 179
　　贷：基层往来——紫竹院店（商品调拨） 1 179

调入门店加盟店的会计分录，

借：库存商品——洗涤类（3×100×4.63） 1 389
　　应交税费——应交增值税（进项税额） 180.57
　　贷：总部往来——商品调拨 1 569.57

若按售价金额核算，会计分录为：

调出门店的会计分录，

借：总部往来——商品调拨（3×100×3.93） 1 179
　　商品进销差价——洗涤类 960
　　贷：库存商品——洗涤类（3×100×7.13） 2 139

总部财务部门的会计分录，

借：基层往来——××加盟店（商品调拨）[3×100×4.63×（1+13%）] 1 569.57
　　贷：主营业务收入（3×100×4.63） 1 389
　　　　应交税费——应交增值税（销项税额） 180.57

同时按照进价结转：

借：主营业务成本 1 179
　　贷：基层往来——紫竹院店（商品调拨） 1 179

调入门店的会计分录，

借：库存商品——洗涤类（3×100×7.13） 2 139
　　应交税费——应交增值税（进项税额） 180.57

贷：总部往来——商品调拨　　　　　　　　　　　1 625.13
　　　　商品进销差价——洗涤类　　　　　　　　　　694.44

（三）加盟店（合资店）调拨直营店的会计核算

　　加盟店（合资店）调拨直营店，与直营店调拨加盟店（合资店）的性质一样，也涉及商品所有权的转移问题，但是两者转移的方向正好相反：直营店调拨加盟店（合资店），商品的产权由连锁企业转到加盟店（合资店），相当于连锁企业向加盟店（合资店）销售商品，连锁企业应当按照内部调拨价确认商品销售收入。但是，加盟店（合资店）将商品调拨给直营店，商品的所有权是从加盟店（合资店）转到连锁企业，相当于原来连锁企业销售给加盟店（合资店）的商品又被退回，因此连锁企业应当将原来确认的销售收入予以冲回。其会计处理程序如下。

　　（1）调出单位（加盟店）的会计核算。

　　根据调出商品的数量填写"商品调拨单"，留存第五联登记内仓库存商品卡片账。月末编制"月份商品调拨发货汇总表"并签发内部转账凭证，据此编制有关会计分录，登记库存商品明细账。

　　商品按进价金额核算。

　　借：总部往来——商品调拨（调拨价＋增值税）
　　　　贷：库存商品——××类（调拨价）
　　　　　　应交税费——应交增值税（进项税额转出）

　　商品按售价金额核算。

　　借：总部往来——商品调拨（调拨价＋增值税）
　　　　商品进销差价——××类
　　　　贷：库存商品——××类（售价）
　　　　　　应交税费——应交增值税（进项税额转出）

　　（2）总部财务部的会计核算。

　　收到调出加盟店（合资店）转来的"月份商品调拨发货汇总表"和"内部转账通知书"以后，经审核无误，在转账通知书上加盖"转讫"字样，将其中一联转到调入门店，作为调入门店的记账依据。留存一联，以此为根据对调出门店开具增值税红字发票，与留存的转账通知书一并作为编制下列会计分录的原始凭证：

　　借：主营业务收入（调拨价）
　　　　应交税费——应交增值税（销项税额）
　　　　贷：基层往来——××加盟店（调拨价）

　　同时冲减主营业务成本，作如下会计分录：

借：基层往来——商品调拨（调入单位）（进价）

  贷：主营业务成本

（3）调入单位（直营店）的会计核算。

调入门店按照随货同行的"商品调拨单"登记内仓库存商品卡片账。月末收到总部转来的"内部转账通知书"和"月份商品调拨发货汇总表"第二联后，经审核无误并与内仓库存商品卡片对账以后。即可编制有关会计分录，并登记库存商品明细分类账。

商品按进价金额核算，

借：库存商品——××类（进价）

  贷：总部往来——商品调拨（进价）

商品按售价金额核算，

借：库存商品——××类（售价）

  贷：总部往来——商品调拨（进价）

    商品进销差价——××类

【例4-15】2019年8月15日某加盟店接到某超市总部通知，将3箱（每箱为100块）某洗涤类产品调拨到西城店（直营门店）。该产品每块的原不含税进价为3.93元，不含税内部调拨价为4.63元，不含税销售价为7.13元，增值税税率为13%。请编制关于调拨业务的会计分录。

若按进价金额核算，会计分录为：

调出加盟门店的会计分录，

借：总部往来——商品调拨   1 569.57

  贷：库存商品——洗涤类（3×100×4.63）   1 389

    应交税费——应交增值税（进项税额转出）   180.57

总部财务部门的会计分录，

冲减已经确认的收入，

借：主营业务收入（3×100×4.63）   1 389

    应交税费——应交增值税（销项税额）   180.57

  贷：基层往来——××加盟店（商品调拨）   1 569.57

同时按照进价冲减已经确认的成本，

借：基层往来——西城店（商品调拨）   1 179

  贷：主营业务成本   1 179

调入直营门店的会计分录，

借：库存商品——洗涤类（3×100×3.93）   1 179

　　　　贷：总部往来——商品调拨（3×100×3.93）　　　　　　　1 179

若按售价金额核算，会计分录为：

调出加盟店的会计分录，

　　借：总部往来——商品调拨　　　　　　　　　　　　　　1 569.57
　　　　商品进销差价——洗涤类　　　　　　　　　　　　　 750
　　贷：库存商品——洗涤类（3×100×7.13）　　　　　　　　2 139
　　　　应交税费——应交增值税（进项税额转出）　　　　　 180.57

总部财务部门的会计分录，

先冲减已经确认的收入，

　　借：主营业务收入（3×100×4.63）　　　　　　　　　　 1 389
　　　　应交税费——应交增值税（销项税额）　　　　　　　 180.57
　　贷：基层往来——××加盟店（商品调拨）　　　　　　　 1 569.57

同时按照进价冲减已经确认的成本，

　　借：基层往来——西城店（商品调拨）　　　　　　　　　 1 179
　　贷：主营业务成本　　　　　　　　　　　　　　　　　　 1 179

调入直营门店的会计分录，

　　借：库存商品——洗涤类（3×100×7.13）　　　　　　　　2 139
　　贷：总部往来——商品调拨（3×100×3.93）　　　　　　　1 179
　　　　商品进销差价——洗涤类　　　　　　　　　　　　　 960

（四）门店退库商品的核算

　　连锁企业门店在商品经营过程中，由于种种原因可能会发生商品的退货业务，比如，收到商品质量不符规定要求、订错货、送错货、库存或货架陈列商品已经过了商品保质期、多余代销商品的退回、总部明确的滞销商品处理等。

　　门店的商品退货业务按照退库所涉及的对象不同。可能有两种情况：第一种情况是门店将商品退还给总部配送中心；第二种情况是门店直接将商品退还给有关供应商。

　　如果退货门店是加盟店或者合资店，商品退货单中的进货原价应当是商品的内部调拨价。此外，如果采取的是售价金额核算，上述商品退货单中的进货原价可以改为商品进销差价。

　　商品发生退货时，门店填写商品退货单，退货单按照退货业务所涉及供应商对象的不同分别填写编制。退货单一式五联，第一联留存作为备查；其余四联一并转交总部相关部门，总部审核退货理由并签署意见，留存第五联作为备查，其余三联退回门店，作为门店退货依据。

　　退货门店收到经过业务部门签署意见的退货单，就可以组织退货作业，退货后，门店留存第二联作为登记商品明细账的依据；第三联、第四联随货同行，总部配送中心收到退回商品验收后，在第三联、第四联上签字，并留存第三联作为登记商品账的依据；第四联作为"内部转账通知书"的附件一起交到总部财务部门留存。

（1）门店将商品退给配送中心的会计核算。

配送中心在月末对退库单的第四联按照一定的方法进行汇总以后，编制"内部转账通知书"一式三联。

第一联由总部财务部门转交退货门店，退货门店核对无误后，据此编制会计分录：

若商品按进价金额核算，

 借：总部往来

  贷：库存商品（进价）

若商品按售价金额核算，

 借：总部往来（进价）

   商品进销差价

  贷：库存商品（售价）

第二联由总部财务部门转交配送中心财务部门核对无误后，编制会计分录如下：

若商品按进价金额核算，

 借：库存商品（进价）

  贷：总部往来

若商品按售价金额核算，

 借：库存商品（售价）

  贷：商品进销差价

   总部往来（进价）

不论是按进价金额核算还是按售价金额核算，总部财务部门编制的会计分录都是相同的。根据"内部转账通知书"的第三联，编制会计分录如下：

 借：基层往来（配送）（进价）

  贷：基层往来（门店）（进价）

【例4-16】2019年12月份，总部采购的洗衣粉，每箱20包，每包进价4元，内部调拨价4.5元，销售价6元，增值税率13%。因为洗衣粉外包装的破损而无法正常销售，ABC连锁超市有限责任公司的乙门店将2箱洗衣粉退还给配送中心。

①商品按售价金额核算。

退还门店的会计分录：

 借：总部往来   160（2×20×4）

商品进销差价　　　　　　　　　　　　　　　　　　　80
　　贷：库存商品　　　　　　　　　　　　　　　240（2×20×6）
总部财务部门的会计核算：
借：基层往来——配送中心　　　　　　　　　　　160
　　贷：基层往来——乙门店　　　　　　　　　　160
配送中心的会计核算：
借：库存商品　　　　　　　　　　　　　　　　　240
　　贷：总部往来　　　　　　　　　　　　　　　160
　　　商品进销差价　　　　　　　　　　　　　　80
②商品按进价金额核算。
退还门店的会计分录：
借：总部往来　　　　　　　　　　　　　　160（2×20×4）
　　贷：库存商品　　　　　　　　　　　　　　　160
总部财务部门的会计核算：
借：基层往来——配送中心　　　　　　　　　　　160
　　贷：基层往来——乙门店　　　　　　　　　　160
配送中心的会计核算：
借：库存商品　　　　　　　　　　　　　　　　　160
　　贷：总部往来　　　　　　　　　　　　　　　160

（2）门店直接将商品退还给供应商的会计核算。

门店直接将商品退还给供应商时，应首先填写退货单送交配送中心审核，配送中心根据审核无误的退货单编制退货联系单，其中一联与审核后的退货单一并转交门店，门店根据这两张单据组织商品退货业务。月末或者定期由配送中心汇总编制"内部转账通知书"一式三联。其中一联转交门店，由门店作为编制内部转账会计分录的依据，一联转交总部财务部门，由总部财务部门作为编制内部往来会计分录的依据，一联配送中心留存。

①退货门店的会计分录：
商品按进价金额核算时，
　　借：总部往来（进价金额）
　　　　贷：库存商品（进价金额）
商品按售价金额核算时，
　　借：总部往来（进价金额）
　　　　商品进销差价

　　　　贷：库存商品（售价金额）
　②总部财务部门的会计分录：
　借：应付账款（被退货的厂商）
　　　　贷：基层往来（进价金额）
　　　　　　应交税费——应交增值税（进项税额）

三、门店向银行解交营业款

门店向银行解交营业额即为当日实现的营业收入，由门店的会计人员分别不同情况作不同的处理。现金要在当天营业收入结算完毕时，扣除零用金，剩余部分马上足额送存开户银行，门店不得私自挪用营业收入的现金，所得营业收入应在固定时间存入金融机构。存款事务应由指定人员负责，并妥善安排好存款日期、时间及路线等，以免途中发生意外事故，门店财务根据银行的进款单，作会计分录如下：

　借：银行存款
　　　　待处理财产损溢（现金短款）
　　　　贷：待处理财产损溢（现金长款）
　　　　　　主营业务收入
　　　　　　应交税费——应交增值税（销项税额）

其主要依据的会计公式为：

$$实收营业款+现金短缺-现金溢余=收银台营业额。$$

四、现金溢缺的会计处理

（一）现金溢余

现金溢余说明收银员多收了顾客的购物款，应当尽可能找到顾客本人，将多收的购物款退还给顾客。在找到顾客之前，先记入"待处理财产损溢"，现金溢余如果能够找到退款的对象，将其从"待处理财产损溢"转入其他应付款，所作会计处理如图4-6所示。

```
多收顾客的购物款 ──── 借：库存现金
                      贷：待处理财产损溢
                │
    ┌───────────┴───────────┐
能够找到退款的对象时，作会计分录如下：    对于无法查清原因的现金溢余，
  借：待处理财产损溢(现金长款)            直接冲减营业外收入，作会计分录
    贷：其他应付款——××顾客               如下：
将现金退还给顾客时，作会计分录如下：       借：待处理财产损溢(现金长款)
  借：其他应付款——××顾客                   贷：营业外收入
    贷：库存现金
```

图4-6　现金溢余会计处理

多收顾客的购物款，是收银员工作的失误和差错，经常发生这样的差错有损于连锁企业的形象，对连锁企业的声誉是一种破坏，可能导致客户流失，所以这种行为应当严格地加以制止。因此，连锁企业应当对因为多收顾客购物款而产生现金溢余的收银员以一定的惩罚，有的连锁企业要求收银员本人支付与溢余金额相等的罚款，以让收银员吸取教训，提高收银的准确程度，对于收银员的罚款，所作会计分录如图4-7所示：

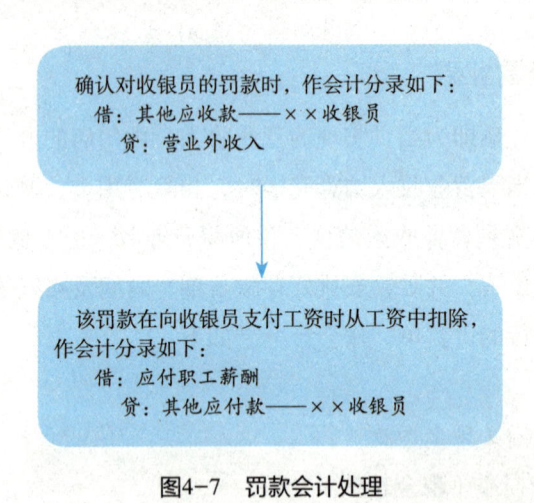

确认对收银员的罚款时，作会计分录如下：
借：其他应收款——××收银员
贷：营业外收入

该罚款在向收银员支付工资时从工资中扣除，作会计分录如下：
借：应付职工薪酬
贷：其他应付款——××收银员

图4-7 罚款会计处理

【例4-17】2019年10月29日，某超市中关村店财务部门填制的"每日营业结算明细表"上显示：反映当天实现销售收入的"收银台营业额"栏的金额是203 680.23元，但"实收营业额"栏的金额是203 730.23元，其中现金净额200 680.23元，信用卡等非现金收入3 050元，款项当天存入银行。当天，经查明多出的销货款中，其中，5号收银机多收了顾客李晓慧40元，误把50当10元收取，另外10元也是5号收银机产生的差错，但无法查明原因。当天财务会计填制了罚款单，对5号收银机严明处以50元罚款，经严明签字确认，进行了账务处理。10月30日经与顾客李晓慧联系，将款项退还。中关村店每月10日为工资发放日。请编制相关业务的会计分录。

10月29日，门店财务部门将实收营业额存入银行时，编制如下会计分录：

借：银行存款　　　　　　　　　　　　　　　　　　200 680.23
　　总部往来——营业款（非现金收入）　　　　　　　3 050
　贷：主营业务收入　　　　　　　　　　　　　　　177 201.80
　　　应交税费——应交增值税（销项税额）　　　　26 478.43
　　　待处理财产损溢——待处理流动资产损溢（现金长款）　50

当天查明多收了顾客李晓慧40元，编制如下会计分录：

借：待处理财产损溢——待处理流动资产损溢（现金长款）　40

贷：其他应付款——李晓慧顾客　　　　　　　　　　　　　　40

当天无法查明的多收款 10 元，编制如下会计分录：

借：待处理财产损溢——待处理流动资产损溢（现金长款）　　10

　　贷：营业外收入——营业长款　　　　　　　　　　　　　　10

当天对 5 号收银机收银员严明处以 50 元罚款，编制如下会计分录：

借：其他应收款——严明收银员（收银员赔偿）　　　　　　　50

　　贷：营业外收入——营业员长款罚款　　　　　　　　　　　50

10 月 30 日将现金退还给顾客时，编制如下会计分录：

借：其他应付款——李晓慧顾客　　　　　　　　　　　　　　40

　　贷：库存现金　　　　　　　　　　　　　　　　　　　　　40

11 月 10 日，发放工资时，扣除严明的 50 元罚款，编制如下会计分录：

借：应付职工薪酬——职工工资　　　　　　　　　　　　　　50

　　贷：其他应收款——严明收银员（收银员赔偿）　　　　　　50

（二）现金短缺

对于现金短款，一般情况下应当由收银员自己承担赔偿损失责任，作会计分录如下：

借：其他应收款——××收银员

　　贷：待处理财产损溢（现金短款）

如果连锁企业对收银员的现金短款规定了一定的定额，那么定额内的现金短款可以在管理费用中列支，作会计分录如下：

借；管理费用（定额内短款）

　　其他应收款——××收银员（收银员赔偿）

　　贷：待处理财产损溢（现金短款）

【例 4-18】假定 10 月 29 日，某超市中关村店财务部门填制的"每日营业结算明细表"上显示：反映当天实现销售收入的"收银台营业额"栏的金额是 203 680.23 元，但"实收营业额"栏的金额是 203 590.23 元，其中现金净额 200 540.23 元，信用卡等非现金收入 3 050 元，款项当天存入银行。短款 90 元无法查明原因，其中 30 元是 5 号收银机收银员严明的责任，60 元是 1 号收银机收银员杨静的责任。门店核准的现金短款限额是每人每日 5 元。当天财务会计填制罚款单，经收银员签字确认，进行了账务处理。中关村店每月 10 日为工资发放日。请编制相关业务的会计分录。

10 月 29 日，门店财务部门将实收营业额存入银行时，编制如下会计分录：

借：银行存款　　　　　　　　　　　　　　　　　　　　200 540.23

　　　　总部往来——营业款（非现金收入）　　　　　　　　3 050
　　　　待处理财产损溢——待处理流动资产损溢（现金短款）　90
　　贷：主营业务收入　　　　　　　　　　　　　　　　　177 123.50
　　　　应交税费——应交增值税（销项税额）　　　　　　 26 466.73

当天对收银员处以80元的罚款，编制如下会计分录：
　　借：其他应收款——严明收银员（收银员赔偿）　　　　　25
　　　　　　　　　　——杨静收银员（收银员赔偿）　　　　55
　　　　管理费用——定额内短缺　　　　　　　　　　　　　10
　　贷：待处理财产损溢——待处理流动资产损溢（现金短款）　90

11月10日，发放工资时，扣除收银员的80元罚款，编制如下会计分录：
　　借：应付职工薪酬——职工工资　　　　　　　　　　　　80
　　贷：其他应收款——严明收银员（收银员赔偿）　　　　　25
　　　　　　　　　——杨静收银员（收银员赔偿）　　　　 55

五、营业款划到总部指定的银行存款户

门店开户行收到门店的每日销售款项后，将该笔款项转入总部的银行账户后，门店根据银行的转账通知，编制会计分录如下：

　　借：总部往来
　　贷：银行存款

六、销售收入和销售成本的结转

（一）结转销售收入

（1）门店的核算。

门店应当定期向总部财务部门汇总结转营业收入，结转期可以是5天结转一次，也可以是10天、15天结转一次，如果整个连锁企业的业务管理和会计核算已经形成网络化，也可以每天结转一次，门店向总部结转营业收入时要编制"内部转账通知书"，作会计分录如下：

　　借：主营业务收入
　　　　应交税费——应交增值税（销项税额）
　　贷：总部往来

（2）总部的核算。

总部财务收到门店转来的"营业收入汇总表"和"内部转账通知书"，作会计分录如下：

借：基层往来
　　贷：主营业务收入
　　　　应交税费——应交增值税（销项税额）

（二）结转销售成本

在结转销售成本时，如果是进价金额核算，结转的金额是商品的进价，一般情况下在月底按照不同的存货计价方法一次结转。如果是售价金额核算，结转的金额是售价，可以在商品销售时直接结转，但是，在月底还有商品进销差价的计算与结转工作。门店商品销售成本结转的会计分录如下：

借：主营业务成本
　　贷：库存商品

（1）门店的核算。

①进价金额核算商品销售成本的计算和结转。如果商品按照进价金额核算，则要按照单品采用先进先出、加权平均、移动平均、个别计价等方法计算确认已销商品的成本。按照会计核算一贯性原则，商品成本的计算方法一经确定，不得随意改变。

一般情况下，平时只记录已销商品的数量，月末一次计算结转已销商品的成本。很显然，如果采用手工核算，门店对每件单品都采用上述方法计算确认销售成本是件极其烦琐沉重的工作，也许根本是不现实的。但是对计算机系统而言，这却是轻轻松松的工作，只要将核算程序设置好，计算机系统可以随时将已销售商品的成本计算打印出来，所以，如果门店采用进价金额核算，必须要有完善的计算机核算系统。

②售价金额核算商品销售成本的计算和结转。如果门店采用售价金额核算，那么门店在销售商品确认主营业务的同时，按照已销商品的售价结转了主营业务成本，在这里确认的收入和结转的成本是同一个金额，收入等于成本，这里的主营业务成本由两个内容组成，一个是已销商品的进价，另一个是已销商品售价和进价的差额，即商品进销差价，为了准确计算已销商品成本，首先要计算出已销商品的进销差价，随后计算已销商品成本，整个计算过程如下：

第一步，计算商品进销差价率：

某类商品进销差价率=（期初库存商品进销差价+本期购进商品进销差价）/（期初库存商品售价+本期购进商品售价）×100%

第二步，计算已销商品进销差价：

已销商品进销差价=该商品销售净额×该类商品进销差价率

第三步，编制已销商品进销差价汇总表如表4-7所示。

表 4-7　家家乐连锁超市有限公司已销商品进销差价汇总表

　　　　年　月　日　　　　至　月　日

商品编号	商品类别	销售金额	已销商品进销差价					
^	^	^	期初库存商品进销差价	本期购进商品进销差价	期初库存商品售价	本期购进商品售价	进销差价率	已销商品进销差价
1	2	3	4	5	6	7	$8=\dfrac{4+5}{6+7}$	$9=3\times 8$
合计								

根据表 4-7 编制会计分录如下：

借：商品进销差价——××类商品
　　　　　　　　——××类商品
　　　　　　　　——××类商品
　贷：主营业务成本——××类商品
　　　　　　　　——××类商品
　　　　　　　　——××类商品

月末，编制内部转账单，将主营业务成本转到总部财务部门，编制会计分录如下：

借：总部往来——商品销售成本
　贷：主营业务成本——××类商品
　　　　　　　　——××类商品
　　　　　　　　——××类商品

（2）总部的核算。

总部根据"内部转账通知书"编制会计分录如下：

借：主营业务成本
　贷：基层往来——××门店

七、门店收银管理和内部控制

在门店的销售管理中，收银是非常重要的环节。门店销售的收银主要是现金和信用卡或者各种购物卡。门店的收银包括收银员同门店财务人员的现金解交关系，同一收银机不同的收银人员之间的交接班关系等。要准确地计算商品销售收入，就必须设置有效的岗位管理制度。

(一)门店收银工作的管理办法

(1)抽查收银台。

专业检查人员、店长或值班班长等相关人员每天应不定时地随机抽查收银台,以检查收银员的工作表现。抽查内容主要包括实收金额与应收金额是否相符,折扣总金额与折扣记录单的记录金额是否相符,收银机内各项密码及程序的设定是否有变更,每个收银台的必备物品是否齐全,收银员的礼仪服务是否良好以及是否遵守收银员业务规范等。对于收银机的检查,一般需要填列收银机检查记录表,如表4-8所示。

表4-8　收银机检查记录表

店名：　　　　　　　　　　年　月　日　　　　　　　　机号：

项目	金额	时间	收银员	店长(副店长)
取款(1)				
取款(2)				
(A)小计				
查(清)时间				
100元				
50元				
20元				
10元				
5元				
1元				
(B)小计				
(C)减：预备金				
(D)总计 A+B-C				
(E)清机金额				
现金短(溢)D-E				
信用卡金额				
折价券金额				
礼券金额				

收银员：　　　　　　　　检查者：

(2)清点金库现金。

门店应进行不定时金库检查,清点金库内所有现金及准现金的总金额,与金库现金收支记录的总金额进行核对并填写金库检查表以确定金额无误。金库检查表如表4-9所示。

表 4-9　金库检查表

店名：　　　　　　　　　　　年　月　日　　　　　　　检查者：

礼　　券：_____
备 用 金：_____
折价券：_____

100 元：_____
50 元：_____　　　应库存金额：_____
20 元：_____　　　实 存 金 额：_____
10 元：_____　　　　短（溢）：_____
5 元：_____
1 元：_____　　　　原　　因：_____
总　　计：_____
备　　注：1. _____
　　　　　　2. _____
　　　　　　3. _____

（3）核对前后台的收银。

认真检查核对前台"中间收款"（营业过程解缴金库的销售款项）与后台"金库收支"是否相符，每次执行"中间收款"业务时是否如实填写"中途交款单"等原始凭证，检查相关主管对现金收支的处理是否诚实等。

（二）门店零用金的管理

零用金是为收银时找零而准备的现金。在连锁企业中，为了不影响商品销售的找零工作，每个门店都有一定金额的零用金，这笔现金永远沉淀在门店中，不用上交总部。在连锁企业的管理中，总部往往采用备用金的形式对门店的零用金进行控制和管理。零用金的定额根据销售情况进行相应的调整。

总部向门店划拨零用金时，填写零用金划拨单，并通过银行划拨。门店收到该笔零用金时，根据银行回单编制会计分录如下：

借：银行存款

　　贷：总部往来——零用金

门店将这笔钱领出来做零用金时，根据银行付款凭证，编制会计分录如下：

借：库存现金

　　贷：银行存款

收银员领用的零用金一般采用"每日领用，每日回收"或者"一次领用，一次回收"的管理方式。收银员在当班前要到门店财务处领用零用金。在领取时，需填列零用金领取表，如表 4-10 所示。

表 4-10　零用金领取表

年　月　日

收银员	领取金额	领取人签名	交回注销	备注

收银员在当班结束或者换班时，应当按下收银机的结束键，由收银机打印出本次当班时实现的销售收入，并将收银机的所有现金及其他代金券全部取走，将零用金与营业收入现金一起交送给财务人员。注销零用金后，应核算该当班时间的销售收入是否与账上记录相符。

补充资料

1. 连锁门店的组织结构设计

门店是连锁经营的基础，主要职责是按照总部的指示和服务规范要求，承担日常销售业务。因而，门店是连锁总部各项政策的执行单位，用一句话来说，就是不折不扣、完整地把连锁企业总部的目标、计划和具体要求体现到日常的作业化管理中。

2. 门店职能

门店是连锁企业直接向顾客提供商品和服务的单位，因而其主要职能是商品的销售与服务，以及相关的管理作业。具体的职能如下：

（1）环境管理。

环境管理主要包括店头的外观管理与卖场内部的环境管理。

（2）人员管理。

人员管理主要包括员工管理、顾客管理以及供应商管理。

（3）商品管理。

商品管理主要包括商品质量、商品缺货、商品陈列、商品盘点、商品损耗以及商品销售活动的实施等方面的管理。

（4）现金管理。

现金管理主要包括收银管理和进货票据管理等。

（5）信息资料管理。

信息资料管理主要包括门店经营信息管理、顾客投诉与建议管理、竞争者信息管理等。

3. 门店组织结构

连锁门店的组织结构相对较简单，因为连锁企业实行的是商品采购、配送、财务等作业的总部集中性统一管理。而门店的组织结构主要视门店的性质、业态特征、规模大小以及商品结构等因素的不同而有所差异。如直营店通常由店长直接管理，同时下设副店长、值班长、组长等职务，而如是特许店，可能由加盟店店主直接管理店内事宜，也可能是由店主另聘店长来管理；通常规模较小的门店不会分组，也不设组长，但规模较大的门店则须进行明确的分工，并分别由组长主管。

第五章
特许连锁模式会计核算

　　直营连锁模式和特许经营连锁模式是连锁企业的两种主要经营模式，在上一章中我们介绍了直营连锁模式下企业的会计核算，本章中我们介绍特许连锁模式下的企业会计核算。特许经营又名加盟模式，根据契约，总公司必须提供一项独特的商业特权，并加上人员培训、组织结构、经营管理及商品供销的协助，而特许连锁店需要付出相应的特许费用，由于特许企业的存在形式具有连锁经营统一形象、统一管理等基本特征，因此也称之为特许连锁。虽然特许连锁企业与直营连锁企业在实质上有所不同，但是基本的经济业务却具有相似性，所不同的是涉及加盟店和合资店的核算，所以在本章中，除了介绍采购、总部向加盟店调拨商品以及各门店之间调拨商品或服务的会计核算，还涉及加盟店商品退回的核算。

本章导读

1. 了解特许连锁模式
2. 了解特许连锁的基本特征
3. 了解特许连锁经营的优势与劣势分析
4. 掌握特许连锁经营策略
5. 掌握特许连锁模式总部的会计核算

6. 掌握总部日常经营活动的核算、采购，总部向加盟店调拨商品，各门店之间调拨商品

7. 掌握加盟店商品退回的核算

8. 掌握加盟店日常经营活动的核算

9. 掌握主营业务收入和主营业务成本的结转

第一节　特许连锁模式概述

特许连锁，又称特许经营连锁、加盟连锁，是指特许者将自己所拥有的商标、商号、产品、专利和专有技术、经营模式等以特许经营合同的形式授予被特许者即加盟店使用，加盟店按合同规定，在特许者统一的业务模式下从事经营活动，并向特许者支付相应的费用。总部对加盟店拥有经营权和管理权，加盟店拥有对门店的所有权和收益权。加盟店具备法人资格，实行独立核算。

特许连锁经营是连锁经营的高级形式。特许总部可以在不直接投资的情况下，迅速复制式发展，实现低风险、低成本扩张；同时加盟店在基本保持自身独立经营的同时可分享总部品牌、服务、信息等方面的优势，降低自身的经营风险。我国特许连锁经营刚刚起步，应注意培育可供转让的成熟品牌，采用现代化的管理手段，完善法规，发挥中介组织的积极作用，使特许连锁店经营健康有序地发展。

一、特许连锁的基本特征

一般来说，连锁企业在开设了一定数量的直营店之后，就会马上考虑用特许连锁的方法来发展加盟店。其一是可以成为加盟店的样板店、培训店；其二是以特许连锁的方法来发展加盟店，总部出资较少，不需要较大投资；其三是中小型商店占世界各国零售业总数的大部分，在商业竞争激烈的零售业规模经营的发展推动中，具有选择加入连锁体系的可能性，也就是说，存在着庞大的、现成的加盟者市场。与直营连锁经营形式相比，特许连锁经营形式的主要特征表现在四个方面：

（1）必须有一个主导企业（总部）。

该主导企业自己开发的商品、服务和营业系统（统称为知识产权）等是"特许"的资本，吸引其他企业通过支付特许加盟费用的方式，成为主导企业连锁体系中的一个特许加盟分店。

（2）特许连锁经营体系的构成。

总部＋若干直营连锁分店＋若干特许连锁分店。这是因为，拥有知识产权的主导企业只有通过投资和经营的若干直营连锁分店，才能显示出"特许"的资本，也才能以契约关系吸引其他企业特许加盟成为特许加盟分店。

（3）该连锁经营体系内存在多个企业法人。

在特许连锁经营体系下，总部及下属的若干直营连锁店属于一个企业法人，但每个特许加盟分店都具有独立的企业法人资格。需要说明的是，我国各地区的工商和税务管理等方面的诸多原因，迫使我国许多由已具备企业法人资格的总部直接投资的直营连锁分店，也必须还要申请和办理企业法人资格。

（4）总部对特许加盟分店不具有全面的管理权。

由于特许加盟连锁分店分别都具有各自独立的企业法人资格，所以，特许加盟连锁分店拥有本分店的财产权、财务权和人事权，盈亏也由各加盟分店自主承担。但这些加盟分店的店名、店貌、采购、经营、价格、服务和管理等方面，必须完全服从主导企业的统一规范管理。

二、特许连锁经营的优势与劣势

在特许连锁模式下，特许连锁企业一般只有两家或几家直营店，其他的都是由各个加盟店加盟形成连锁。总部对各加盟店的商品配送不仅仅是商品在连锁企业内部的地点转移，同时还是实现商品所有权的转移，并完成商品的销售。因此，总部在商品配送时确认为连锁企业的商品销售收入。各加盟店在总部的指导下独立核算，自负盈亏。

（一）特许连锁经营的优势

特许经营是一种经营技巧、业务形式的许可，是一种知识产权的授予，是一种软件技术，一种无形资产的转让，它不受资金、地域、时间和各种硬件设备的限制，可以在同一时间发展多个特许加盟者，可以在任何有消费群的地域发展。

特许经营是一种对国家、特许人、加盟商、消费者都有好处的经营模式。

（1）对特许人的优势。

①分担了特许人的财政风险；②可以降低经营费用，集中精力提高企业管理水平；③能以更快的速度发展业务而不受资金限制使业务效益和效率更高，且有最终回购成功的特许加盟分店的机会；④可以获得政府支持；⑤加快国际化发展战略。

（2）对受许人的优势。

①提高了成功的可能；②能在总部那里得到技术上的支持；③可以立即得到总部的管理技巧、经营诀窍和业务知识方面的培训；④使得进货成本和库存成本降低；⑤在进货上克服了独立商店那种盲目性；⑥可以充分保证货源，防止商品断档；⑦可以分享品牌这个无形资产。

（3）对消费者的好处。

①消费者在任何分店都可以享受到相同优质、高水平的商品和服务；②消费者一旦接受企业形象就等于印在消费者脑海之中，就会极大地便利消费者。

（二）特许连锁经营的劣势分析

（1）对特许人的劣势。

不容易控制和管理受许人。公司声誉和形象会受个别经营不好的加盟店的影响。特许经营合同限制了策略和战略调整的灵活性，在特许经营地区内企业扩展受到限制。当发现加盟店店主不能胜任时，无法更换。难以保证受许人产品和服务质量达到统一标准。企业的核心能力可能因受许人的违约而流失。

（2）对受许人劣势。

①受许人必须与经营分店同呼吸、共生存，工作强度大，尤其在创业初始阶段；同时受许人还得全身心地致力于学习、建设和维持特许经营并扩展分店；②特许人出现决策错误时，受许人会受到牵连。受许人受到了与特许人签订的特许经营合同和协议的限制和监督，缺乏自主权；③过分标准化的产品和服务，既呆板欠新意，又不一定适合当地情况。

（三）特许连锁经营策略

（1）特许连锁经营的实现步骤。

①第一选对行业；②找准品牌；③看直营店业绩；④完善的加盟机制；⑤健全的培训体系；⑥对总部与加盟店的实地考察；⑦对合同文本的仔细查看；⑧提升创业能力。

（2）特许连锁经营的成功要素。

①门市作业简单化；②产品必须是大众化消费产品；③适合商圈必须普及化；④特许连锁品牌魅力须强过产品品牌。

第二节　特许连锁模式总部的会计核算

一、接收加盟店

特许方接收加盟店时，要收取一次性的加盟费；在经营过程中，要按规定的时间和金额收取保证金和权利金，还要按期收取管理服务费和销售产品的加价等后续费用，以及广告费等。这些可以统称特许经营使用费。总部收取的特许经营使用费是总部的收入，一般收取时均记入"其他业务收入"账户。

（一）收取加盟费的核算

加盟费是指特许经营模式中，特许人为加盟者提供培训、接受服务、转让无形资产所获得的经济补偿。因此，依照国内外相关法规和行业惯例，加盟店必须缴纳加盟费，且无论合同双方因任何原因导致合约终止，都不予退还。加盟者向总部交纳的加盟费用一般包括以下几类：①加盟金；②保证金；③权利金；④违约金；⑤其他费用。加盟费一般根据合同，可以按投资额的比例收取，也可以按固定金额收取，或者按不高于核定的销售额（营业额）的一定比例一次性收取。

$$投资总额 \times 30\% = 每年投资回报金额 = 每年预期利润 + 加盟费$$

即：

$$加盟费 = 投资总额 \times 30\% - 每年预期利润$$

【例5-1】某超市2019年12月与某加盟店签署加盟协议，该加盟店投资150万元，并按投资总额的5%交纳加盟费，期限是10年。投资款和加盟费均已收到。

分析：加盟店的投资额应该记入总部的"实收资本"科目，应该交纳的加盟费为7.5万元（150万元×5%），记入"其他业务收入"科目。

对于投资费用，编制如下会计分录：

借：银行存款　　　　　　　　　　　　　　1 500 000
　　贷：实收资本　　　　　　　　　　　　　1 500 000

对于加盟费，编制如下会计分录：

借：银行存款　　　　　　　　　　　　　　　75 000
　　贷：其他业务收入　　　　　　　　　　　　75 000

（二）收取后续费用的核算

后续费用是指在特许经营过程中，总部向加盟店收取的费用，包括管理服务费和销售产品的加价等。

管理服务费是指总部为维持向加盟店提供各项后续服务而收取的费用。管理服务费一般按照加盟店取得的毛收入的一定百分比确定。

销售产品的加价是指在特许经营合同中规定，加盟店需从总部购买商品或从总部规定的供应商处购买商品时，总部收取的产品加价或供应商给予的价格折让。

【例5-2】承接【例5-1】，假定某超市和某加盟店签订的协议规定，每月按毛收入的3%收取管理服务费，并按季度收取。一季度，加盟店的销售收入是650 000元，其中第三个月是200 000元，一季度毛利合计为300 000元。3月底，某加盟店将销售货款划转到总部所指定的银行，总部将规定的管理服务费扣除。假定加盟店自己缴纳增值税。

分析：总部应收取的管理服务费 = 300 000×3% = 9 000（元），总部3月底应编制如下会计分录：

借：银行存款   200 000
　　贷：其他业务收入   9 000
　　　　基层往来——××门店（营业款）   191 000

（三）收取广告基金的核算

广告基金是指总部为策划产品广告或进行宣传而向加盟店收取的费用。通常，在特许经营连锁中，广告和促销是由总部负责的，加盟店为此需支付一笔费用。该费用总部应计入"其他业务收入"科目。编制如下会计分录：

借：银行存款
　　贷：其他业务收入

（四）支付加盟费的核算

加盟费属于加盟店的无形资产，应在合同期内进行摊销。编制会计分录如下：

缴纳加盟费时，

借：无形资产
　　贷：银行存款

以后每期期末摊销时，

借：管理费用
　　贷：累计摊销

（五）支付后续费用的核算

后续费用是在日常生产经营活动中支付给总部的管理费以及产品加价。编制会计分录如下：

支付管理费时，

借：管理费用
　　贷：银行存款

支付产品加价时，相当于发生采购费用，

借：商品采购
　　贷：银行存款

（六）支付广告基金的核算

向总部支付广告基金，相当于加盟店自行支付的广告费用，编制会计分录如下：

借：销售费用
　　贷：银行存款

【小贴士5-1】选择优良加盟总部的参考标准：

（1）加盟总部是否有健全的财务结构？财务是否经会计师签证？

（2）总部是否有专业且完整的公司组织？

（3）总部组织的人事替代性是否良好？是否有人才断层问题？

（4）总部的知名度是否够大且企业形象良好？

（5）总部与加盟店的互动关系是否良好且能有效管理？

（6）总部是否有稳定且获利性不错的后续收入？

（7）研发、创新能力是否够强？

（8）行业是否有展望性及国际化的发展空间？

（9）是否能持续引进策略性产品且快速、成功率又高？

（10）市面上是否已经有一定的加盟店数及持续经营一段时间？

（11）总部是否有合理完整的加盟契约？

（12）总部成立时间是否超过 1～2 年？该行业是否前景佳？

（13）总部本身是否有直营店且具绩效、有指导开店的技术诀窍？

（14）行业的生命周期是否够长？市场发展是否已有一段时间？

（15）总部是否有稳健的加盟流程？是否会透过教育训练协助加盟主？

（16）总部是否有适当的商圈区隔保障？针对精华商圈多点加盟时是否有足够的说明？能不能在同区域增加新点有选择迁店的保障？

（17）加盟总部的愿景如何？未来如何规划？

（18）是否有数字科技运用能力？

（19）加盟总部是否有策略联盟、借力使力的能力？

（20）总部做事是否透明化？设备采购价格是否透明化？

（21）加盟契约是否透明化？

（22）是否有完整物流配送系统？

（23）是否有整体行销企划规划？

（24）加盟主本身是否有创业的心理准备？对所选择投入的产业是否了解且有高度创业热诚与专注力？

二、总部日常经营活动的核算

（一）采购的核算

特许连锁总部采购的核算与直营连锁基本相同，可参见直营连锁的处理方法。

（二）总部向加盟店调拨商品

加盟店是一个独立的单位，它的产权不归总部所有。因此，总部在向加盟店调拨商品时，商品的产权也随之发生改变，商品的产权由总部转移到加盟店。因此，连锁总部在向加盟店调拨商品时，只要符合商品销售的确认条件，就应以调拨价向加盟店开具发票，确认销售收入。

此时，加盟店并不关心总部采购商品的进价，它只关心总部按照什么价格向它调拨商品。这个调拨价对于总部而言，相当于销售商品的销售价，对加盟店而言，相当于商品的进价。

（1）按照调拨价确认收入。

按照调拨价确认收入，编制会计分录如下：

借：基层往来
　　贷：主营业务收入
　　　　应交税费——应交增值税（销项税额）

（2）按照进价结转成本。

按照进价结转成本，编制会计分录如下：

借：主营业务成本
　　贷：基层往来

三、加盟店日常经营活动的核算

（一）接受总部调拨来的商品

加盟店与总部属不同的产权所有者，加盟店接受总部调拨来的商品，相当于从总部以调拨价购入商品。因此，在接受调拨时，应及时确认商品成本。编制会计分录如下：

借：库存商品
　　应交税费——应交增值税（进项税额）
　　贷：总部往来

（二）各门店之间调拨商品

由于日常经营的需要，当所属门店相互之间调拨商品时，需及时通知总部。总部则根据各个门店的不同性质进行不同的处理。

（1）直营店与加盟店之间的调拨。

如果是直营店调出商品，则是商品在不同所有者之间的转移，相当于总部向加盟店销售商品。处理方法见直营连锁部分。

如果是加盟店向直营店调拨，则商品的所有权从加盟店向总部转移，相当于总部销售给加盟店的商品被退回，因此，总部应冲回已经确认的收入。处理方法见直营连锁部分。

（2）加盟店（合资店）与加盟店（合资店）之间的调拨。

虽然不同的加盟店（合资店）之间都是独立经营的经济实体，他们之间不存在任何产权归属关系和产权隶属关系，但是，为了协调与管理，他们之间的商品调拨也应当在总部的统一安排和监控下有序进行，绝对不允许加盟店（合资店）之间未经过总部同意，私自进行商品调拨的情况发生。

商品在加盟店（合资店）之间互相调拨，与直营店调加盟店（合资店）一样，也是商品在不同所有者之间的转移，但是，这种商品所有权的转移与总部无关，总部在此是为这种商品所有权的转移提供余缺调剂、商品运输和货款结算服务，尽管如此，在财务上总部也要记录反映商品调拨核算的全过程。

处理流程如下：

（1）调出加盟店（合资店）。

按照规定填写内部调拨单，其流转程序与前面所叙述的基本一致，根据留存的调拨单登记内仓库存商品卡片账，于月末根据调拨单编制"月份商品调拨发货汇总表"，签发"内部转账通知书"，编制如下会计分录，并登记库存商品明细分类账。

商品按进价金额核算，

借：总部往来——商品调拨（调拨价+增值税）

贷：库存商品——××类（调拨价）

应交税费——应交增值税（进项税额转出）

商品按售价金额核算，

借：总部往来——商品调拨（调拨价+增值税）

商品进销差价——××类

贷：库存商品——××类（售价）

应交税费——应交增值税（进项税额转出）

（2）总部财务部门。

根据"内部转账通知书"编制如下会计分录并登记往来明细账：

借：基层往来——调入门店（调拨价）

应交税费——应交增值税（进项税额转出）

贷：基层往来——调出门店（调拨价）

应交税费——应交增值税（进项税额转出）

（3）调入加盟店（合资店）。

商品调入时，根据随货同行的"商品调拨单"，对调入商品验收无误后，登记内仓库存商品卡片账。

月末收到总部财务部门转来的调拨单、调拨单汇总表和"内部转账通知书"，经过审查核对无误以后，编制如下会计分录，登记库存商品明细账和内部往来明细账。

商品按进价金额核算，

借：库存商品——××类（调拨价）
  　应交税费——应交增值税（进项税额）
　贷：总部往来——商品调拨（调拨价+增值税）

商品按售价金额核算，
借：库存商品——××类（售价）
  　应交税费——应交增值税（进项税额）
　贷：商品进销差价——××类
　　　总部往来——商品调拨（调拨价+增值税）

【例5-3】2019年8月13日某加盟店接到某超市总部通知，将3箱（每箱为100块）某洗涤类产品调拨到另一加盟店。该香皂每块的原不含税进价为3.93元，不含税内部调拨价为4.63元，不含税销售价为7.13元，增值税税率为13%。请编制关于调拨业务的会计分录。

若按进价金额核算，会计分录为：
调出加盟店的会计分录，
借：总部往来——商品调拨　　　　　　　　　　　1 569.57
　贷：库存商品——洗涤类　　　　　1 389（3×100×4.63）
　　　应交税费——应交增值税（进项税额转出）　　180.57

总部财务部门的会计分录，
对于调入的加盟店：
借：应交税费——应交增值税（进项税额）　　　　180.57
　贷：基层往来——××加盟店（商品调拨）　　　180.57

对于调出的加盟店：
借：基层往来——××加盟店（商品调拨）　　　　180.57
　贷：应交税费——应交增值税（进项税额转出）　180.57

调入加盟门店的会计核算，
借：库存商品——洗涤类　　　　　1 389（3×100×4.63）
　　应交税费——应交增值税（进项税额）　　　　180.57
　贷：总部往来——商品调拨　　　　　　　　　　1 569.57

若按售价金额核算，会计分录：
调出加盟店的会计核算，
借：总部往来——商品调拨　　　　　　　　　　　1 569.57
　　商品进销差价——洗涤类　　　　　　　　　　　750

贷：库存商品——洗涤类　　　　　　　　　　2 139（3×100×7.13）
　　　　　应交税费——应交增值税（进项税额）　　180.57

总部财务部门的会计分录，

对于调入的加盟店：

　　借：应交税费——应交增值税（进项税额）　　180.57
　　　贷：基层往来——××加盟店　　　　　　　　180.57

对于调出的加盟店：

　　借：基层往来——××加盟店　　　　　　　　　180.57
　　　贷：应交税费——应交增值税（进项税额转出）180.57

调入加盟店的会计分录，

　　借：库存商品——洗涤类　　　　　　　　　　2 139（3×100×7.13）
　　　　应交税费——应交增值税（进项税额）　　180.57
　　　贷：总部往来——商品调拨　　　　　　　　1 569.57
　　　　　商品进销差价——洗涤类　　　　　　　　750

（三）加盟店商品退回的核算

门店的商品退货业务按照退库所涉及的对象不同。可能有两种情况：第一种情况是门店将商品退还给总部配送中心；第二种情况是门店直接将商品退还给有关供应商。

（1）门店将商品退还给总部配送中心。

加盟店和合资店商品退货业务所涉及的单证填写和流转与直营店的商品退货基本相同，由配送中心在月末对退库单的第四联进行汇总以后，编制"内部转账通知书"一式三联。其中第一联交给退货门店；第二联交配送中心；第三联交总部。但是，由于加盟店的商品退回涉及商品所有权的转移，因此账务处理不同于直营店。

①第一联用途。第一联转交退货门店，退货门店核对无误后，据此编制转账凭证。

商品按进价金额核算，

　　借：总部往来（调拨价+进项税额）
　　　贷：库存商品（调拨价）
　　　　　应交税费——应交增值税（进项税额）

商品按售价金额核算，

　　借：总部往来（调拨价+进项税额）
　　　　商品进销差价
　　　贷：库存商品（售价）
　　　　　应交税费——应交增值税（进项税额）

②第二联用途。第二联送交配送中心，配送中心核对无误后编制如下转账凭证。

商品按进价金额核算，

借：库存商品（进价）
    贷：总部往来

商品按售价金额核算，

借：库存商品（售价）
    贷：商品进销差价
        总部往来（进价）

③第三联用途。第三联由总部财务部门留存，编制如下转账凭证。

首先，冲减已经确认的收入，

借：主营业务收入（调拨价）
    应交税费——应交增值税（销项税额）
    贷：基层往来——××门店（调拨价+增值税）

其次，冲减已经确认的成本，

借：基层往来（进价）
    贷：主营业务成本（进价）

【例5-4】2011年12月，ABC连锁超市有限责任公司的洗衣粉存货，每箱20包，每包进价4元，内部调拨价4.5元，销售价6元，增值税率13%。与乙门店同样的原因，丁门店退回1箱洗衣粉。

（1）商品按照售价金额核算。

退回门店的会计分录：

借：总部往来——商品配送　　　　101.70（1×20×4.50+11.70）
    商品进销差价　　　　　　　　　30.00
    贷：库存商品　　　　　　　　　　120.00（1×20×6）
        应交税费——应交增值税（进项税额）11.70（1×20×4.50×13%）

总部财务部门的会计分录：

首先，冲减已经确认的收入，

借：主营业务收入　　　　　　　　90.00（1×20×4.50）
    应交税费——应交增值税（销项税额）11.70（1×20×4.50×13%）
    贷：基层往来——丁门店　　　　　101.70

其次，冲减已经确认的成本，

借：基层往来——配送中心　　　　80

贷：主营业务成本　　　　　　　　　　　　　　　80（1×20×4）

配送中心的会计分录：

借：库存商品　　　　　　　　　　　　　　　　　90（1×20×4.50）

　　贷：总部往来——商品配送　　　　　　　　　　80（1×20×4）

　　　　商品进销差价　　　　　　　　　　　　　　10

（2）商品按照售价金额核算。

退回门店的会计分录：

借：总部往来——商品配送　　　　　　　　　　　101.70

　　贷：库存商品　　　　　　　　　　　　　　　　90.00（1×20×4.50）

　　　　应交税费——应交增值税（进项税额）11.70（1×20×4.50×13%）

总部财务部门的会计分录：

首先，冲减已经确认的收入，

借：主营业务收入　　　　　　　　　　　　　　　90.00

　　应交税费——应交增值税（销项税额）11.70（1×20×4.50×13%）

　　贷：基层往来——丁门店　　　　　　　　　　　101.70

其次，冲减已经确认的成本，

借：基层往来——配送中心　　　　　　　　　　　80

　　贷：主营业务成本　　　　　　　　　　　　　　80（1×20×4）

配送中心的会计分录：

借：库存商品　　　　　　　　　　　　　　　　　80（1×20×4）

　　贷：总部往来——商品配送　　　　　　　　　　80（1×20×4）

（2）加盟店和合资店直接退供应商的会计处理。

①退货门店的会计分录。

商品按进价金额核算，

借：总部往来（调拨价+进项税额）

　　贷：库存商品（调拨价）

　　　　应交税费——应交增值税（进项税额）

商品按售价金额核算，

借：总部往来（调拨价+进项税额）

　　商品进销差价

　　贷：库存商品（售价金额）

　　　　应交税费——应交增值税（进项税额）

②总部财务部门的会计分录。

冲减已经确认的收入，

借：主营业务收入（调拨价）

　　应交税费——应交增值税（销项税额）

　贷：基层往来——××门店（调拨价+增值税）

冲减已经确认的成本，

借：应付账款（进价金额+增值税）

　贷：主营业务成本（进价金额）

　　应交税费——应交增值税（进项税额）

【小贴士5-2】加盟店与总部常见加盟纠纷：

（1）加盟店对总部提供的"行销支援与辅导"不满意。

（2）加盟店对总部提供的"商品的价格"不满意。

（3）加盟店对总部的"政策配合度及执行力"很低。

（4）加盟店对每月的营业额并不满意。

（5）加盟店与总部之间对于"商品采购限制不得自行进货"的争议。

（6）加盟店对于总部的举办和促销活动不愿配合。

（7）加盟店与总部之间对于"商圈保障范围"的看法有分歧。

（8）加盟店对于总部举办的"教育培训"不配合。

（9）加盟店对"每月上缴的权益金与管理费用"有争议。

（10）加盟店不能每月按时缴付货款。

第三节　加盟店和合资店营业收入的核算

一、加盟店和合资店营业收入核算的基本要求

虽然加盟店和合资店与连锁企业在会计核算上是相互独立的，但是连锁企业为了便于统一管理，也要求加盟店和合资店将营业款解交到连锁企业总部财务部门，由连锁企业总部财务统一管理，加盟店和合资店解交给总部的销售款中，由连锁企业财务从中扣除商品配送款与一些必要的费用，其余部分就是加盟店和合资店可以动用的现金。加盟店的主要

核算内容包括销售商品时销售收入的确认和销售成本的结转、销售现金划拨到总部并支付加盟费等规定的费用、销售商品增值税的处理等。

二、加盟店和合资店营业收入的核算方法

加盟店和合资店在组织营业收入的核算时，其所涉及的单证以及这些单证流转的程序与直营店基本相同，加盟店和合资店将营业款解交到银行以后，根据银行的进账单作会计分录如下：

借：银行存款
　　贷：主营业务收入
　　　　应交税费——应交增值税（销项税额）

与此相对应，加盟店根据已销商品成本结转的时间和方法按时结转成本，编制如下会计分录：

借：主营业务成本
　　贷：库存商品（进价或者售价）

如果按照售价金额记账，月末还要计算结转商品进销差价。

三、相关费用的处理

（1）门店的核算。

在银行将该笔现金转入总部指定的专门用于集中整个连锁企业销售收入款的银行存款账户以后，加盟店和合资店根据银行的转账通知，做"内部转账通知书"，并作相应的会计分录。加盟店和合资店划转给总部的款项中，有以下几个组成部分：①总部应当收取的商品调拨款；②加盟店（合资店）应当交纳的加盟费；③总部拨给加盟店（合资店）的包装物等费用。

加盟店（合资店）在划拨的款项中扣除了相关费用以后的余额冲减与总部的往来账户，作会计分录如下：

借：总部往来（扣除应交费用后的余额）
　　销售费用（由加盟店和合资店承担的加盟费、包装物等费用）
　　贷：银行存款

（2）总部的核算。

总部收到银行转来的银行存款进账单，作会计分录如下：

借：银行存款
　　贷：其他业务收入（应当收取的包装物费和加盟费）
　　　　基层往来（扣除应收费用后的余额）

同时，根据计算结转包装物的成本，作会计分录如下：

借：其他业务成本
　　贷：包装物（或周转材料）

如果该连锁企业的门店是以加盟店和合资店为主的，则应当将收取的加盟费作为主营业务处理。

四、增值税的处理

对于应交纳的增值税，区别以下两种情况分别对待。

（1）由总部统一对税务局缴纳增值税。

①门店的核算。加盟店和合资店向总部划转银行存款时，应当将这笔税金一并通过银行转到总部，作会计分录如下：

借：总部往来（扣除应交费用后的余额）
　　应交税费——应交增值税（销项税额）
　　销售费用（由加盟店和合资店承担的加盟费、包装物费用等）
　　贷：银行存款

②总部的核算。总部收到银行转来的银行存款进账单，作会计分录如下：

借：银行存款
　　贷：其他业务收入（应当收取的包装物费和加盟费）
　　　　基层往来（扣除应收费用后的余额）
　　　　应交税费——应交增值税（销项税额）

同时，计算结转包装物成本。如果该连锁企业的门店是以加盟店和合资店为主的，则应当将收取的加盟费作为主营业务处理。

（2）加盟店和合资店本身是自主的纳税主体。

此时，又有以下两种处理方法可供选择：

①划转的款项中扣除增值税金。总部财务在委托相关银行划转加盟店和合资店的销售款时，将应当由加盟店和合资店交纳的增值税从中扣除，剩余部分转入总部财务部门指定的存款户，加盟店和合资店作会计分录如下：

借：总部往来（扣除应交费用以后的余额）
　　销售费用（由加盟店和合资店承担的加盟费、包装物费用等）
　　贷：银行存款

总部收到银行转来的银行存款进账单，作会计分录如下：

借：银行存款
　　贷：其他业务收入（应当收取的包装物费和加盟费）

　　　　基层往来（扣除应收费用后的余额）

　　同时，计算结转包装物成本。

　　加盟店和合资店向税务局交纳增值税时，作会计分录如下：

　　借：应交税费——应交增值税（已交税金）

　　　　贷：银行存款

　　②划转的款项中包含增值税金。为了加强总部对货币资金的管理和控制，严格贯彻收支两条线的原则，认真落实任何门店都不得以任何理由坐支现金的制度。将门店所有的营业款，包括应当交纳的增值税金，一并转入总部指定的存款户。然后，总部财务再根据加盟店（合资店）的纳税金额返还给加盟店（合资店），加盟店和合资店作会计分录如下：

　　借：总部往来（扣除应交费用后的余额）

　　　　销售费用（由加盟店和合资店承担的加盟费、包装物费用等）

　　　　贷：银行存款（含增值税款）

　　总部作会计分录如下：

　　借：银行存款（含增值税款）

　　　　贷：其他业务收入（应当收取的包装物费和加盟费）

　　　　　　基层往来（扣除应收费用后的余额）

　　同时，计算结转包装物成本，会计分录略。

　　加盟店和合资店向税务局交纳增值税时，作会计分录如下：

　　借：应交税费——应交增值税（已交税金）

　　　　贷：银行存款

　　总部财务部门按时将加盟店和合资店交纳的增值税返还给门店，总部作会计分录如下：

　　借：基层往来——××门店

　　　　贷：银行存款

　　加盟店和合资店按照银行的进账单，作会计分录如下：

　　借：银行存款

　　　　贷：总部往来

五、主营业务收入和主营业务成本的结转

　　加盟店和合资店不必像直营店那样向总部财务部门结转主营业务收入和主营业务成本。因为，加盟店与连锁企业除了加盟关系以外，不存在其他以资本为纽带的经济关系，所以加盟店的主营业务收入、主营业务成本与连锁企业无关。虽然合资店与连锁企业之间存在着以资本为纽带的经济往来关系，但是合资店是独立的经营实体，为了正确反映合资

各方的经济利益,合资店必须独立核算收入和确定成本,并计算销售利润。由于连锁企业是合资店的投资者之一,所以连锁企业应当以合并报表的形式,抵销与合资店之间的内部交易以后,将合资店的收入、成本和利润并入连锁企业的合并会计报表中。

【例5-5】2019年12月,ABC连锁超市有限责任公司采购洗衣粉100箱,每箱20包,每包进价4元,内部调拨价4.5元,销售价6元,增值税率13%。其中60箱送到配送中心仓库,24箱直接送往甲门店(直营门店),16箱送往丁门店(加盟店)。发票账单已经收到,商品由有关部门验收入库。后来丁门店销售15箱洗衣粉,假定丁门店是一般纳税人,销售款(含增值税)全部结转到总部,增值税自行缴纳以后,由总部按照实际交纳额拨补给门店,加盟费是营业收入的5%,本期从总部领取塑料袋(包装商品用)计60元。

要求:

(1)对丁门店的营业款进行核算,并列出相关会计分录。

(2)对销售成本进行计算和结转,并列出相关会计分录。

营业收入款的处理:

①丁门店的处理。将营业收入款存入银行,按照银行的进账单作会计分录如下:

借:银行存款　　　　　　　　　　　　1 800(15×20×6)

　贷:主营业务收入　　　　　　　1 592.92(1 800/1.13)

　　　应交税费——应交增值税(销项税额)　　207.08

将营业收入款划转给总部,按照银行的转账通知,编制会计分录如下:

借:总部往来　　　　　　　　　　　　1 663

　　销售费用　　　　　　　　　　　137(1 538×5%+60)

　贷:银行存款　　　　　　　　　　　1 800

②总部的处理。总部收到银行转来的银行存款进账单,作会计分录如下:

借:银行存款　　　　　　　　　　　　1 800

　贷:其他业务收入(加盟费也可以记入主营业务收入)　　137

　　　基层往来　　　　　　　　　　1 663

同时,根据计算结转包装物的成本,如果包装物的成本为52元,作会计分录如下:

借:其他业务成本　　　　　　　　　　52

　贷:包装物(或周转材料)　　　　　52

销售成本的计算和结转:

①库存商品按照进价金额核算;如果库存商品采用进价金额核算,丁门店是将商品的内部调拨价作为进价成本记入库存商品明细账的,所以丁门店应当以内部调拨价

为基础计算结转主营业务成本，作会计分录如下：

借：主营业务成本　　　　　　　　　　　1 350（15×20×4.5）
　　贷：库存商品　　　　　　　　　　　　　　　　1 350

②库存商品按照售价金额核算。如果该连锁企业库存商品按照售价金额核算，则首先计算商品进销差价率，然后计算本期销售商品应当分摊的商品进销差价，具体核算过程如下：

假定丁门店期初库存的洗衣粉为2箱，库存商品账户余额为240元（售价金额核算，含税），商品进销差价账户余额为60元。

本期进货洗衣粉的售价金额=16×20×6=1 920（元）

本期进货洗衣粉的进价金额=16×20×4.5=1 440（元）

本期进货洗衣粉的进销差价为=1 920-1 440=480（元）

本期商品进销差价率=（60+480）/（240+1 920）×100%=540/2 160×100%=25%

本期已销商品分摊的商品进销差价=15×20×6×25%=1 800×25%=450（元）

丁门店作会计分录如下：

借：商品进销差价　　　　　　　　　　　　　　　450
　　贷：主营业务成本　　　　　　　　　　　　　　　450

丁门店本期商品的销售成本=1 800-450=1 350元，丁门店作为独立的法人主体，其销售收入、销售成本和销售利润的计算与连锁企业无关，因此，不必将销售收入和销售成本转到总部。

第六章
自愿连锁模式会计核算

　　自愿连锁又称自由连锁经营方式，是指由若干个完全独立的零售企业为增加其知名度，增强资源优势和品牌优势，在经营完全独立的情况下，结成连锁体系，统一使用企业品牌、统一进行渠道的一种经营方式。自由连锁主要是适应中小零售企业为形成必要的规模效应、增强对大型企业的抗衡能力的需要而出现的。自愿加盟体系中，商品所有权是属于加盟主所有，而运作技术及商店品牌则归总部持有。所以自愿加盟体系的运作虽维系在各个加盟店对"命运共同体"认同所产生的团结力量上，但同时也兼顾"生命共同体"合作发展的前提，同时要保持对加盟店自主性的运作，所以，自愿加盟实际可称为"思想的产业"。意义即着重于二者间的沟通，以达到观念一致为首要合作目标。在本章中，我们主要介绍自愿连锁模式总部的会计核算、自愿连锁模式门店的会计核算以及相关增值税的账务处理。

本章导读

1. 了解自愿连锁模式定义及基本特征
2. 掌握自愿连锁经营的组织形式
3. 了解自愿连锁的优势和劣势
4. 掌握自愿连锁模式总部的会计核算
5. 掌握自愿连锁模式门店的会计核算
6. 掌握相关增值税的处理

第一节　自愿连锁模式概述

一、自愿连锁定义及其基本特征

（一）定义

自愿连锁是指自愿加入连锁体系的商店。这种商店由于是原已存在，而非加盟店的开店伊始就由连锁总公司辅导创立或不符合"特许加盟条件"，而又要借助总部成熟的连锁体系独立开设的商店。所以自愿连锁在名称上可以有别于特许加盟店。在自愿加盟体系中，商品所有权是属于自愿连锁的店主所有，而系统运作技术及商店品牌的专有信息则归总部持有。

（二）自愿连锁的基本特征

自愿连锁的最大特点，在于各门店在所有权和财务上是独立的，与总部没有所属关系，只是保持在经营活动上的协调和服务关系，如统一订货和送货，统一使用信息及广告宣传，统一制定销售战略等。自愿连锁的特征具体表现为以下四个方面：

（1）拥有一个或几个核心企业作为总部组织。

自愿连锁的总部拥有一个或几个核心企业作为强有力的总部组织，该总部组织通常是已经存在了的企业，有的是单独设置，有的是由核心主导企业兼任总部职能，因而可以是批发企业，也可以是大型零售企业兼任。

（2）自愿连锁的核心是共同进货。

共同进货是中小企业成为自愿连锁店的最大诱因，这样可以使中小型商业企业和大型超级市场、百货商店一样，获得低廉的商品进货价格。而对总部而言，自愿连锁门店是总部强有力的分销渠道，因而形成了自愿连锁重要的"联购分销"机制。

（3）维系自愿连锁经营的经济纽带关系是协商确定的合同。

总部与各加盟的成员店，是通过合同作为纽带联结在一起的，合同是各成员之间通过民主协商制定的，而不是特许连锁那样的定式合同。其合同的约束力比较松散，一般以合同规定的加盟时间一年为单位，加盟店可以随意退出自愿连锁组织，在自愿连锁的合同上并未规定随时退出具体的惩罚细则。

（4）加盟店拥有独立的所有权、经营权和财务核算权。

自愿连锁拥有众多分散的零售商加盟成员，这些零售商一般是小型的，但是独立的，门店的资产归门店经营者所有。各门店不仅独立核算、自负盈亏、人事安排自主，而且在经营品种、经营方式、经营策略上也有很大的自主权，每年只须按销售额或毛利额的一定比例向总部上交加盟金、管理费等。

二、自愿连锁经营的组织形式

自愿连锁经营有两种组织形式。

（一）零售商自愿连锁

零售商自愿连锁是主要由零售商控制的组织形式，由独立零售商进行商品合作运营。在这种组织形式下，零售商不跟任何特定批发商关联，零售商或是资助若干批发商，或是建立自己的批发仓库，成立一个中心采购组织，股份由连锁组织内的零售商们持有，统一采购、统一配送，加强采购能力，并联合进行促销活动，盈利后统一分成。法国莱克勒克公司就是欧洲著名的零售集团，在世界零售百强排名中也位居前列。

零售商自愿连锁形式是由一些希望联合起来通过大宗团购来降低采购成本的零售商组织起来的，大宗团购往往是连锁运作中的一个竞争利器。

（二）批发商—零售商自愿连锁

批发商—零售商自愿连锁是主要由批发商控制的组织形式，主要受某个或多个批发商支配，成立连锁机构，发展零售商作为成员。在这种组织形式下，成员店提供采购、仓储、配送，并提供商店设计与布局、选址、簿记、库存管理系统以及员工培训计划等方面的指导。

批发商—零售商自愿连锁是通过批发商牵头与一些特选零售商之间建立起更加紧密的关系，有时是通过一纸合约形成，有时是通过某种非正式的协定形成的。随着自愿连锁的发展，这种组织形式将越来越规范。

三、自愿连锁的优势和劣势

自愿连锁至少在三方面使参与企业共同受益：一是商品采购，二是信息分享，三是自有品牌开发。所有自愿连锁商店都通过集中采购，采用集团形式的广告推广，这就使优势商店的地位进一步加强，私有品牌知名度得到扩大，促销规划得以实施，高效的库存控制得到运用，门店展示及销售都得到加强。

自愿连锁在商业领域竞争中除了拥有很多连锁经营的优势外，同时，还保持了对消费者在定价、时间和特殊服务方面的灵活性。

自愿连锁相对其他连锁经营形态有一些劣势：一是自愿连锁强调自愿联合，而合同或契约对连锁分店缺乏约束力，因而组织上不太稳定，有的成员店积累了经验和能力后便退出连锁组织；二是由于各成员店以自有资金独立经营，且经营管理水平不一，给总部对连锁分店的经营指导增加了难度，连锁分店的经营难以进一步统一和规范化。

第二节 自愿连锁模式总部的会计核算

自愿连锁总部采购的核算与直营连锁和特许连锁基本相同。具体内容如下。

一、采购业务

（一）收到发票和送货单

供应商出具的增值税专用发票和送货单由采购部门审核后转交财务部门，财务部门将供应商提供的增值税专用发票和送货单与采购订单核定无误后，作为付款依据，根据增值税专用发票上列明的货款，编制会计分录如下：

借：在途物资——××供应商
　　应交税费——应交增值税（进项税额）
　　贷：应付账款

（二）验收商品

仓储部门验收商品，如果商品的数量、质量全部相符，在送货单上加盖"收讫"印章，其中一联退回采购部，由其注销合同；一联自留，登记商品保管账；一联送交财务部门，经审核无误后，编制会计分录如下：

借：库存商品
　　贷：在途物资

对于增值税专用发票和送货单上与采购订单不相符的部分，应当拒付。

（三）采购费用

采购过程中发生的运费可以扣除7%作为进项税额，其他费用，如装卸费、保险费等直接计入商品成本。编制会计分录如下：

借：在途物资——商品采购费用
　　应交税费——应交增值税（进项税额）
　　贷：应付账款

商品采购费用也可以列入采购费用或者计入当期损益。当把商品采购费用列入采购费用时，编制会计分录如下：

借：采购费用
　　应交税费——应交增值税（进项税额）

贷：应付账款
当采购费用较少，为了简化核算，也可以直接计入当期损益。编制会计分录如下：
借：销售费用
　　贷：银行存款／应付账款
期末，采购费用在主营业务成本与库存商品之间进行分配，编制会计分录如下：
借：主营业务成本
　　贷：采购费用
由于连锁超市的采购费用相对于成本来说比重较低，为了简化核算手续，往往将运杂费、包装费、装卸费等直接计入当期损益。

在自愿连锁模式下，各门店按规定支付给总部的与生产经营有关的服务费列入管理费用。总部收到后计入其他业务收入。

各门店涉及的会计分录如下：
借：管理费用
　　贷：银行存款
总部涉及的会计分录如下：
借：银行存款
　　贷：其他业务收入

为了增加各门店的销售积极性，总部经营所得税后利润可视情况部分返还各门店。具体比例和返还方式由总部和门店在连锁协议中确定。

二、总部与门店往来业务

（一）总部向门店调拨商品

自愿连锁的各个连锁门店是一个独立的企业，它的产权不归连锁企业所有。因此，总部向各门店调拨商品时，商品的产权也随之发生改变，即商品的产权由总部转移到各个门店。因此，连锁总部在向各门店调拨商品完成后，只要符合商品销售的确认条件，就可以以调拨价确认销售收入。调拨价是在商品的进价上加一定的毛利或者在商品的零售价上扣除一定的折扣率，作为商品的内部调拨价。

当总部配送中心将商品配送到各个门店时，连锁企业总部财务部门接到配送中心转来的发货单和门店汇总表后，经过审核无误，按照商品的调拨价向各门店开具正式发票，与内部转账凭证、发货单和门店汇总表一起转到相关门店，同时确认收入。编制会计分录如下：

按照调拨价确认收入，
　　借：基层往来

贷：主营业务收入
　　　应交税费——应交增值税（销项税额）

同时，按照进价结转成本，
借：主营业务成本
　　贷：基层往来——配送

（二）总部配送中心的核算

总部接到配送中心转来的内部转账凭证后，加盖"转讫"章，留存一联，据以编制内部往来的转账凭证和登记内部往来明细账；另一联附上一联发货单和门店汇总表一起转到门店。编制会计分录如下：

借：基层往来——××门店
　　贷：基层往来——配送

配送中心将收到的发货单和门店汇总表按照不同的门店分门别类予以保管，月末或者定期汇总，编制"月份商品发货汇总表"，并且据此编制"内部转账通知书"，根据留存的一联，编制会计分录如下：

借：总部往来——商品调拨
　　贷：库存商品——××类商品

各门店在月末收到总部财务部门转来的"内部转账通知书"和所附的发货单和门店汇总表后，要进行认真核对，并将其与门店自行保管的商品的三级明细分类账上登记的入账情况进行核对，确认无误后，编制会计分录如下：

借：库存商品——××类
　　贷：总部往来——商品调拨

（三）总部对于各门店之间商品调拨的核算

总部对于各门店之间商品调拨，正如前两章所提到的，调拨原因一般有两种：一是临时需要，二是调节余缺。

虽然成员店是产权所有者，成员店之间不存在任何产权隶属关系，但是它们同属于一个总部的管理，因此，它们之间商品的调拨应在总部的协调下进行。虽然这种商品所有权的转移与连锁企业的总部无关，但是，为了便于协调与管理，总部也要记录反映商品调拨的全过程，编制会计分录如下：

借：基层往来——调入店
　　　应交税费——应交增值税（进项税额转出）
　　贷：基层往来——调出店
　　　应交税费——应交增值税（进项税额转出）

（四）总部对各门店商品退回的核算

门店商品退回业务所涉及的单据填写和流转与直营连锁中直营店的商品退回基本相同，由配送中心根据月末退库单编制"内部转账通知书"一式三联，第一联交给退货门店；第二联交配送中心；第三联交总部财务部门。总部编制与向门店调拨商品确认收入的会计分录相反的会计分录如下：

冲减已经确认的收入，

借：主营业务收入（调拨价）

　　应交税费——应交增值税（销项税额）

　贷：基层往来

冲减已经确认的成本，

借：基层往来

　贷：主营业务成本（进价）

（五）总部配送中心对于门店商品退回的核算

总部配送中心对于自愿连锁门店退回商品的处理与直营店商品退回的处理相同，即根据"内部转账通知书"的第二联，编制同（二）相反的会计分录如下：

借：库存商品（进价）

　贷：总部往来

第三节　自愿连锁模式门店的会计核算

一、门店日常经营活动的核算

（一）接受总部调拨来商品的核算

自愿连锁模式下，各门店接受总部调拨来的产品时，实际上是以总部配送中心的调拨价从总部购入商品的。因此，在接受调拨时，应及时确认采购成本，编制会计分录如下：

借：库存商品

　　应交税费——应交增值税（进项税额）

　贷：总部往来

（二）门店之间商品调拨的核算

门店之间商品的调拨也涉及商品所有权的转移。调出店编制会计分录如下：

借：总部往来——商品调拨
  贷：库存商品（调拨价）
    应交税费——应交增值税（进项税额转出）

调入店编制会计分录如下：

借：库存商品（调拨价）
  应交税费——应交增值税（进项税额）
  贷：总部往来——商品调拨

（三）门店退库商品的核算

对于退回的商品，由配送中心根据月末退库单编制"内部转账通知书"一式三联，其中，第二联配送中心留存，第三联交给财务部门记账，第一联转交退货门店，退货的门店核对无误后，编制会计分录如下：

借：总部往来
  贷：库存商品（调拨价）
    应交税费——应交增值税（进项税额）

【例6-1】巧味快餐连锁店属于自愿连锁的快餐店，为一般纳税人。2019年7月26日，总部采购调味品，采购明细账如表6-1所示。

表6-1 采购明细账

单位：元

商品编码	品名	包装（箱）	件数（件）	数量（只）	进价金额 单价	进价金额 总额	内部调拨价 单价	内部调拨价 总额
TY1P012	食用油	12	5	60	60.00	3 600.00	65.00	3 900.00
TY1P015	麻油	20	2	40	14.00	560.00	16.00	640.00
TY类				100		4 160.00		4 540.00

商品送往总部配送中心，并经相关部门验收入库，相应的发票账单已经收到，货款尚未支付。总部编制会计分录如下：

借：库存商品   4 160.00
  应交税费——应交增值税（进项税额） 540.80
  贷：应付账款   4 700.80

对于送到配送中心的商品，编制会计分录如下：

借：门店往来   4 160
  贷：库存商品   4 160

【例 6-2】承【例 6-1】，A 门店请购 2 箱食用油。

总部按照调拨价确认收入，编制会计分录如下：

借：门店往来——A　　　　　　　　　　　　　　　　1 762.80
　　贷：主营业务收入　　　　　　　　　　　　　　　1 560.00
　　　　应交税费——应交增值税（销项税额）　　　　202.80

同时，要按照采购价确认成本，编制会计分录如下：

借：主营业务成本　　　　　　　　　　　　　　　　　1 440
　　贷：库存商品　　　　　　　　　　　　　　　　　1 440

A 门店编制会计分录如下：

借：库存商品　　　　　　　　　　　　　　　　　　　1 560.00
　　应交税费——应交增值税（进项税额）　　　　　　202.80
　　贷：总部往来　　　　　　　　　　　　　　　　　1 762.80

（四）门店利润结转与上缴的核算

（1）月末计算、分摊、结转当月已销商品进销差价。

门店编制会计分录如下：

借：商品进销差价
　　贷：主营业务成本

（2）月末门店结转利润。

门店编制会计分录如下：

借：主营业务收入
　　贷：本年利润

借：本年利润
　　贷：主营业务成本
　　　　税金及附加
　　　　销售费用等

（3）门店计算应上缴总部利润。

门店编制会计分录如下：

借：利润分配——应交总部利润
　　贷：其他应付款——应交总部利润

总部编制会计分录如下：

借：其他应收款——应收门店利润
　　贷：本年利润

（4）门店向总部上缴利润。

门店编制会计分录如下：

借：其他应付款——应交总部利润

  贷：总部往来（银行存款或内部银行存款）

总部编制会计分录如下：

借：基层往来（银行存款或内部银行存款）

  贷：其他应收款——应收门店利润

二、增值税的处理

（一）相关规定

根据《财政部、国家税务总局关于连锁经营企业增值税纳税地点问题的通知》规定，连锁企业实行统一缴纳增值税制度。

对跨地区经营的直营连锁企业，即连锁店的门店均由总部全资或控股开设，在总部领导下统一经营的连锁企业，凡采取微机联网、实行统一采购配送商品、统一核算、统一规范化管理和经营，并符合以下条件的，可对总店和分店实行由总店向其所在地主管税务机关统一申报缴纳增值税。

连锁企业实行由分店向总店所在地主管税务机关统一缴纳增值税后，财政部门应研究采取妥善办法，保证分店所在地的财政利益在纳税地点变化后不受影响。涉及省内地、市间利益转移的，由省级财政部门确定；涉及地、市内县（市）间利益转移的，由地、市财政部门确定；县（市）范围内的利益转移，由县（市）财政部门确定。

对自愿连锁企业，即连锁店的门店均为独立法人，各自的资产所有权不变的连锁企业和特许连锁企业，即连锁店的门店同总部签订合同，取得使用总部商标、商号、经营技术及销售总部开发商品的特许权的连锁企业，其纳税地点不变，仍由各独立核算门店分别向所在地主管税务机关申报缴纳增值税。

（二）会计核算

（1）总部的核算。

①同一地区和城市的连锁企业，实行"总部—门店"的管理模式。总部对门店的商品配送作为内部移库处理，统一核算，统一申报缴纳增值税。

【例6-3】某服装销售连锁企业在同城有3家直销连锁分店，是小规模纳税人。2019年11月，3家分店的销售情况如下：甲店实现销售收入306 000元（含税），乙店实现销售收入208 000元（含税），丙店实现销售收入104 000元（含税），由总店计算、申报、缴纳增值税。

销售额=（含税销售额）/（1+征收率）=（306 000+208 000+104 000）/（1+3%）= 600 000（元）

总部编制会计分录如下：

借：银行存款 618 000
　　贷：应交税费——应交增值税 18 000
　　　　主营业务收入 600 000
借：应交税费——应交增值税 18 000
　　贷：银行存款 18 000

②跨地区经营的直销连锁企业，可在非总部所在地区或城市设置地区总部，实行"总部—地区总部—门店"的管理模式。总部对地区总部的商品配送作为销售处理，由总部统一核算，统一向总部所在地主管税务机关申报、缴纳增值税。

【例6-4】某家电连锁总店是增值税一般纳税人，有跨地区连锁店2个。2019年11月，总店购进500 000元家电，进项税额65 000元，取得增值税专用发票，款已付。由总店对跨地区连锁店配送商品，开具增值税专用发票，其中A店300 000元，销项税额39 000元；B店400 000元，销项税额52 000元。总店统一计算、申报、缴纳增值税。

总店购进家电，编制会计分录如下：

借：商品采购 500 000
　　应交税费——应交增值税（进项税额） 65 000
　　贷：银行存款 565 000

总店对跨地区连锁店配送商品，编制会计分录如下：

借：应收账款——A店 339 000
　　　　　　　——B店 452 000
　　贷：应交税费——应交增值税（销项税额） 91 000
　　　　主营业务收入 700 000

总店缴纳增值税，编制会计分录如下：

借：应交税费——应交增值税 26 000
　　贷：银行存款 26 000（91 000－65 000）

（2）门店的核算。

按现行增值税暂行条例规定，在连锁经营的方式下，总部对门店的商品配送，双方都存在计缴增值税的问题，有如下两种情况需要分别处理：

①由总部统一进货的商品，其进项税额可以记在总部的账上，无需随商品配送分摊给各门店。因为，由总部统一纳税可以简化许多税收计缴程序，降低纳税成本，因此，这里介绍销项税额在月末的结转方法。

A. 计提时，门店编制会计分录（计提时总部无分录）如下：

借：主营业务收入
　　贷：应交税费——应交增值税（销项税额）

B. 门店将销项税额上缴总部时：

门店编制会计分录如下，

借：应交税费——应交增值税（销项税额）
　　贷：总部往来（银行存款或内部银行存款）

总部编制会计分录如下：

借：基层往来（银行存款或内部银行存款）
　　贷：应交税费——应交增值税（销项税额）

②倘若是门店自行采购的商品，其销项税额的会计处理方法同上。

对其进项税额的处理应于月末结转总部：

门店编制会计分录如下，

借：总部往来（银行存款或内部银行存款）
　　贷：应交税费——应交增值税（进项税额）

总部编制会计分录如下，

借：应交税费——应交增值税（进项税额）
　　贷：基层往来（银行存款或内部银行存款）

第七章
连锁企业配送中心的会计核算

由于连锁企业涉及总部对商品的统一配送，配送是连锁企业与总部发生的一项主要经济业务，具体来说，连锁企业的商品配送，是指总部按各门店的订货要求，在配送中心完成备货和配货后，以确定的组织和明确的供货渠道，并在相关制度的约束下将商品运送到门店的经济活动。这一经济活动的结果导致商品实体在连锁企业内部不同单位之间的转移。具体包括：配送中心根据门店的订货单向门店发送商品、门店直接互相调拨商品余缺、门店向配送中心退回商品等作业内容。连锁企业内部商品配送的核算，不仅涉及总部配送中心和门店两个运作层面的问题，而且还涉及总部和不同性质门店之间的关系问题。所以，在本章中我们首先介绍存货管理与配送的流程，在此基础上，介绍总部向门店配送以及连锁企业内部商品配送的账务处理。

本章导读

1. 了解商品配送中心的特点和作用
2. 掌握商品配送的模式和基本环节
3. 了解存货管理与配送流程
4. 连锁企业配送中心日常账务处理

第一节　连锁企业配送中心概述

一、商品配送中心的特点和作用

（一）商品配送的概念

在总部统一采购制度下，商品的采购是集中在总部统一进行的，而商品的销售则是分散在数十、数百甚至数千家门店中实现的，在集中采购和分散销售之间必须有一个起调节作用的中间环节，这样才能完成商品由集中采购到分散销售的过渡，这个中间环节就是商品配送（或者称为商品调拨）。

连锁企业的商品配送，是指总部按各门店的订货要求，在配送中心完成备货和配货后，以确定的组织和明确的供货渠道，并在相关制度的约束下将商品运送到门店的经济活动。这一经济活动的结果导致商品实体在连锁企业内部不同单位之间的转移。具体包括：配送中心根据门店的订货单向门店发送商品，门店直接互相调拨商品余缺，门店向配送中心退回商品等作业内容。

连锁企业内部商品配送的核算，不仅涉及总部配送中心和门店两个运作层面的问题，而且还涉及总部和不同性质门店之间的关系问题。因为，连锁企业的门店既有直营门店，又有加盟门店，还有合资门店。门店的性质不同，总部和门店之间的经济关系也就不同，由此导致不同的会计核算方法和会计处理原则。

（二）商品配送的特点

连锁企业商品配送的特点如表 7-1 所示。

表 7-1　连锁企业商品配送的特点

强调送货方式的合理性	即在时间、速度、成本、数量和配送方式等方面寻求最佳，大部分运输限于一定的地域内，路线短、规模小、频率高
配送活动是积极的送货	即把"配"和"送"有机结合起来，利用有效的分拣、配货等作业，使送货达到一定的规模，利用规模优势取得较低的送货成本

（三）商品配送中心的作用

随着连锁企业的不断发展，配送中心的作用越来越明显。连锁企业配送中心的作用如表 7-2 所示。

表 7-2　连锁企业配送中心的作用

降低进货成本	连锁企业配送中心的统一、批量进货，可以提高厂家和批发商的发货业务效率，降低发货成本。同时，由于批量进货，长期稳定的需求可以争取供应商在价格上优惠，从而降低商品定价，使连锁企业以低价位参与竞争
降低库存成本	由于配送中心能稳定、保质保量、适时地配送商品，连锁门店就不需要较多的库存，可避免库存积压，使门店的仓库空间转化为销售空间，仓库由储备型变为流通型，从而降低库存成本
提高作业效率	随着连锁经营的发展，许多商品由生产地运抵消费地后，在配送中心进行细分、小件包装、贴附标签、条形码等，并逐渐具有了请求蔬菜调理、食品冷冻加工等功能，提高了商品作业效率，降低了门店的管理费用
传递消费信息	配送中心通过对生产商、批发商的供应情况和消费者的需求情况分析，能及时了解市场信息，向连锁门店传递消费动态，更好地满足消费者的需求

二、商品配送的模式和基本环节

（一）连锁企业商品配送的模式

一般来说，连锁企业的商品配送有以下几种模式。

（1）供应商直接配送。

供应商直接配送是指连锁企业不设立自己的商品配送中心，而由采购部门向供应商订购商品以后，供应商直接把所需商品送到门店的模式。这种模式主要适用于保质期短，或者价值高、需求量少的商品。但往往会发生配送不到位的问题，如缺货断档、配送时间不能满足门店的要求等。

（2）连锁企业自营配送。

连锁企业自营配送是目前连锁企业最为广泛采用的一种配送模式。连锁企业通过建立自己的配送中心，由配送中心统一对外采购商品，储存商品，实现对内部各门店货物配送。自营配送使配送中心成为连锁企业的一个有机组成部分，具有灵活性，能满足门店独特的需要。

（3）社会化配送。

社会化配送是连锁企业与专门从事商品配送业务的企业建立稳固的契约关系，由专业公司来承担连锁企业商品配送的模式。社会化配送的优势在于，专业公司通过规模化操作能够降低成本，取得经济效益。许多连锁企业正在积极探索社会化配送模式。

（4）共同配送。

共同配送是专门经营商品配送业务的企业之间为实现整体的配送合理化，以互惠互利为原则，与专门的配送经营企业互相提供便利商品配送的协作型配送模式。

（二）商品配送流程

商品配送的流程如图 7-1 所示。

进货 → 储存 → 分拣 → 配货 → 配装 → 送货

图7-1　商品配送流程

（三）商品配送环节

商品配送环节如图 7-2 所示。

备货 → 理货 → 流通加工 → 送货

图7-2　商品配送环节

（1）备货包括订货、进货、集货、验货、结算等。

（2）理货包括分拣、配货和包装等。

（3）流通加工，如净菜加工，以提高商品附加值。

（4）送货包括配装、运输和送达等。

【小贴士 7-1】零售商如何与供应商双赢。

（1）建立信息交流与共享机制。

交流是合作的基础，在相互信任的基础上实现信息共享。与供应商交流的渠道和窗口包括召开供应商会议、实地考察等，参加交流的人员包括市场、采购、技术、环境等部门的人员。

（2）建立合理的供应商激励机制。

要保持长期的双赢关系，对供应商的激励是非常重要的。在激励机制的设计上，要体现公平、一致的原则。可采用的激励机制包括制定详细周密的供应合同、对供应商给予适当的援助、一定的优惠激励措施。

（3）定期对供应商进行评估。

定期对供应商的业绩进行评估，再配合一定的奖罚措施，可以有效地激励供应商不断改进。评估内容主要包括以下指标：质量水平、交货能力、价格水平、研发能力、合作关系。评估结果应反馈给供应商。

三、存货管理与配送流程

（一）存货管理

为了能够减少库存资金，促进库存结构合理化，压缩总库存量，节约管理费用、仓储费用，企业大多采用 ABC 分析法进行库存管理。

ABC 分析法是指为了达到库存结构合理化，将库存商品按当年出库额的多少顺次排列，再算出每种商品出库额在出库总额中的比重，以此为依据将它们分为 A、B、C 三类，分别进行储存控制的一种库存管理方法。库存管理如表 7-3 所示。

表 7-3 库存管理

分类	管理重点	订货方式
A 类	为了压缩库存，投入较大力量精心管理，并将库存压到最低水平	计算每种物品的订货量，采用定期订货方式（比如按月）
B 类	按照经营方针来调节库存水平，如要降低库存水平，就要减少订货量和库存	采用定期定量订货的方式（如按季）
C 类	投入较少力量管理，增加库存储备	集中大量地订货（如半年）

（二）进货和发货管理

（1）进货管理。

进货管理主要包括核对送货单、检查货物的数量、检验货物的品质等接收货物时的必要作业。进货系统的管理主要是缩短进货的检验时间，并将货物存放到合适的保管场所。连锁企业的配送中心在收到货物时，只需输入发票号，计算机就能显示配送中心要货的时间和明细情况，快速准确地核对送货单。在品质检查中发现有不良品时，货物应暂存在临时储存场所，同时采取追加订货和变更订货数量或其他对策。

（2）发货管理。

发货管理主要包括检查货物的数量和种类、运输包装、发货单证、货物装车规划和运输线路规划等作业。

（三）配送流程

配送中心商品的配送业务流程，如图 7-3 所示。

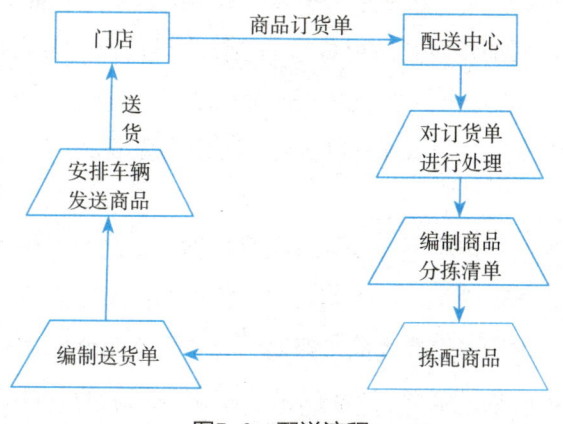

图 7-3 配送流程

第二节　连锁企业配送中心日常账务处理

一、商品收发的核算

总部配送中心的商品收发可以采用"三级核算，分类统制"的方法。

所谓"三级核算"，是指连锁企业商品配送中心的库存商品明细分类账按照三级核算程序进行设置。所谓"分类统制"，是指月末或者定期将相关类别的库存商品明细分类账分别进行核对。三级核算明细账具体内容如下。

（一）仓库的库存商品卡片账

配送中心的仓库设置库存商品卡片账，或者称为库存商品保管账。按照一个商品单品（即按照商品的不同品种规格）设置一个账户的方法设置账户。库存商品卡片账可以直接作为商品吊牌挂在该种商品的储存区，也可以定本成册。商品库存商品卡片账由负责该类商品保管的保管员根据商品入库、出库情况逐笔序时登记。库存商品卡片账只登记商品数量，对库存商品按单品进行数量核算，不进行金额核算。

（二）配送中心库存商品二级明细分类账

配送中心财务组设置商品大类账，也可称之为库存商品二级明细分类账，按照商品的大类设置，只登记金额不登记数量，换言之，只按照商品大类进行金额的明细分类核算，不进行商品数量核算。该分类账由配送中心按照入库单、"商品验收通知书"和"商品送货单汇总表"等原始凭证定期汇总登记。

（三）仓库库存商品三级明细分类账

仓库财务组设置库存商品三级明细分类账，设置方法与库存商品卡片一样，按照商品的品种、规格设置。该明细账由仓库财务组的会计人员按照符合入账手续的商品入库单、送货单和分拣单等原始单据登记。不仅登记商品的数量，进行数量核算，也要登记商品的金额，进行金额核算。逐笔登记入库商品，定期汇总出库商品。

（四）分类统制

分类统制是指月末或者定期进行内部对账时，相关类别的库存商品明细账应当分别核对相符，具体而言，是指配送中心财务组按照大类设置的库存商品二级明细分类账的金额余额应当和仓库中该大类所属库存商品三级明细分类账金额余额之和相等；仓库中的库存商品三级明细分类账上的数量余额应当和库存商品卡片账上的数量余额核对相符；库存商品卡片账上的数量余额应当和库存商品实物核对相符。

（五）"三级核算，分类统制"核算方法的要求

配送中心库存商品实行"三级核算，分类统制"的要求如图 7-4 所示。

门店库存商品的核算与总部配送中心基本类似，但是由于一个门店库存商品的数量与总部配送中心相比要少得多，而且在库存商品的管理环节和管理层次上也比总部配送中心相比要少得多，所以，门店可以采取"三级核算，分类统制"的方法核算库存商品。

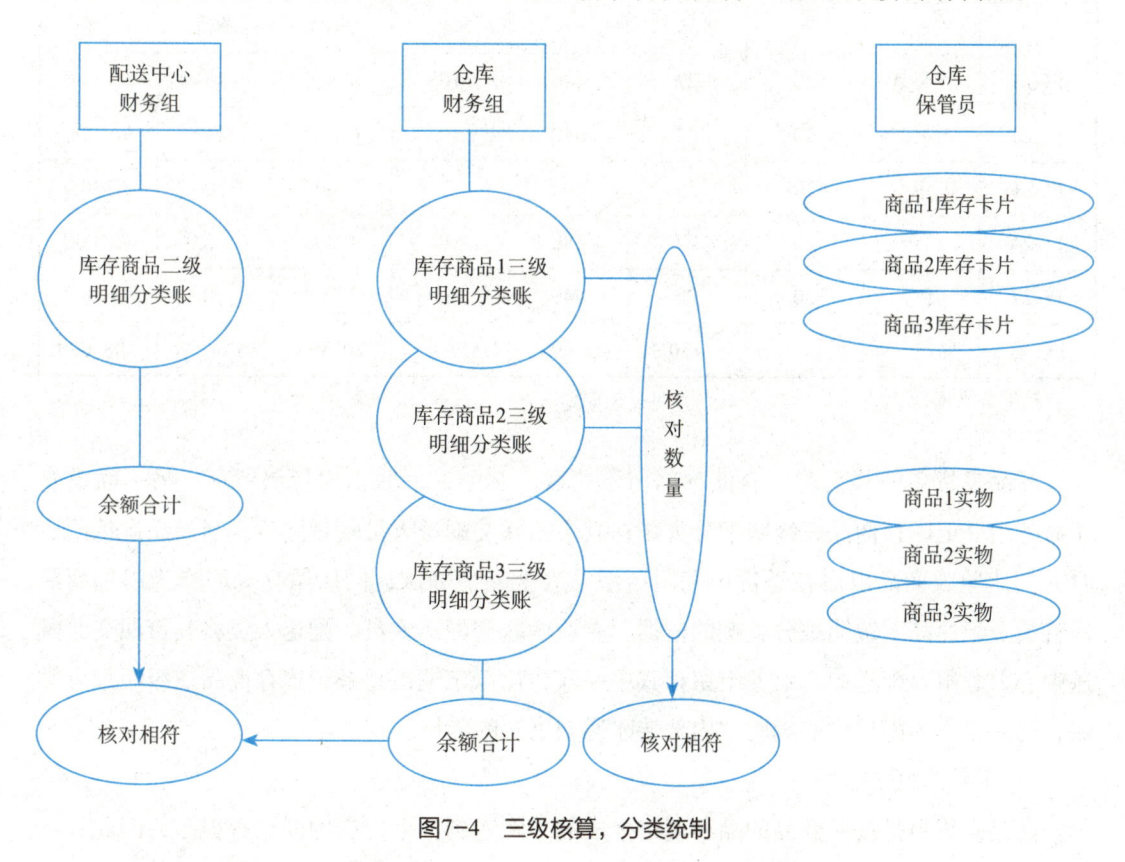

图7-4　三级核算，分类统制

二、商品配送的凭证及其流转

商品配送的原始凭证有"商品发货单""门店汇总表""月份商品调拨发货汇总表"和"内部转账通知书"等。

（一）商品发货单

商品发货单是商品配送过程中非常重要的原始凭证，主要记录发出商品的品种、数量、价格、发送仓库和收货门店等发货信息，是组织后续会计核算的重要书面文件。商品按数量进价金额核算时，库存商品发货单要分别填写商品的进价金额和售价金额。如果商品按售价金额核算，只需要填写商品的售价金额。商品发货单格式因为调拨商品所涉及门店的性质不同而有所不同。

商品发货单如表7-4所示。

表7-4 发货单

编号：　　　　　　　　　　　　发货日期：　　　　　　年　月　日
收货部门：　　　　　　　　　　发货部门：

单位：元

商品编码	品名	包装（箱）	件数（件）	数量（只）	进价金额 单价	进价金额 总额	售价金额 单价	售价金额 总额
FG15	打蛋器	20	22	440	10	4 400	15	66 000
FG20	水果刀	20	32	640	10	6 400	15	96 000
FG21	万用勺	20	30	600	5	3 000	10	30 000
FG24	铲子	20	24	480	10	4 800	15	72 000
FG27	汤勺	20	22	440	5	2 200	10	44 000
FG类			130	2 600		20 800		308 000

发货负责人：　　　　　　　收货验收人：　　　　　　　打印人：

商品发货单一式五联，仓储部门留下两联。其中，一联由出货组留存；另一联由仓库财务组登记库存商品三级明细分类账；其余三联交配送人员随货同行。当商品运抵门店时，门店验收商品以后在送货单和门店汇总表上签字确认，门店留存一联作为内部商品保管员登记商品三级明细分类账的依据，企业两联交配送人员。配送人员将其带回交给配送中心财务组。配送中心财务组留存其中一联，用以定期汇总登记库存商品二级明细分类账；另一联作为配送中心编制"内部转账通知书"的依据。

（二）门店汇总表

商品发货单是按照商品的品种规格生成的，发送到一个门店的商品有很多，因此，一张发货单可能会打印得很长，不便于管理。为了弥补其不足，以便于各个门店与总部之间的信息沟通，一般在生成商品发货单的同时，再按照商品发货单，生成按门店和商品大类汇总的发货单汇总表，即"商品配送门店汇总表"。

门店汇总表跟发货单一样，也是一式五联。仓库留下两份，其中一份由出货组留存，另一份由仓库财务组据以登记库存商品三级明细分类账。其余三份交送货人员随货同行。商品送到门店后，门店验收商品并在送货单和"商品配送门店汇总表"上签字确认。门店留存一份，作为内仓商品保管员登记内仓库存商品卡片账或者库存商品三级明细分类账的依据。其余两份由送货人员带回，并交给配送中心财务组。配送中心财务组留存一份，用以定期汇总登记库存商品二级明细分类账，另一份作为配送中心编制"内部转账通知书"的依据。传输的方式和流程也与发货单相同。

商品配送门店汇总单如表 7-5 所示。

表 7-5　商品配送门店汇总单——××门店

地址：
电话：
配送门店：
配送日期：

类别	种类	总件数（件）	总数量（只）	进价总金额（元）	售价总金额（元）
FG 类	厨具类	20	300	5 000	8 000
QP 类	车用电器	15	250	4 800	7 500
合计		35	550	9 800	15 500

车号：　　　　　　　　　　　　验货员：　　　　　　　　　　　制单员：
调度：　　　　　　　　　　　　门店签字：　　　　　　　　　　司机：

（三）月份商品调拨发货汇总表

配送中心财务组收到送货人员交来的经过门店验收的送货单、门店汇总表等发货凭证后，经过审核无误，按照各个收货门店进行保管。月末，将调拨给各门店的商品按照类别与门店分别汇总，同时登记库存商品二级明细分类账。月份商品调拨发货汇总表如表 7-6 所示。

表 7-6　月份商品调拨发货汇总表

仓库：
保管负责人：　　　　　　　　　　　　　　　　　　　　　　　年　　月

门店	合计		××类		××类		××类	
	进价	售价	进价	售价	进价	售价	进价	售价

（四）内部转账通知书

配送中心财务组根据送货人员带回的、经门店签字确认的送货单和门店汇总表编制"内部转账通知书"。"内部转账通知书"一式三联，一联由配送中心财务组留存；其余两联于月末同送货单和门店汇总表一起转到总部财务部门。总部财务部门留存其中一联，作为内部往来总分类账核算和明细账核算的依据；另一联附上发货单和门店汇总表转到相关门店财务，门店财务审核并与库存商品三级明细分类账核对无误后，作为登记库存商品明细账的依据。

三、商品配送的核算

（一）总部的核算

总部接到配送中心转来的内部转账凭证后，加盖"转讫"章，留存一联，据以编制内部往来的转账凭证和登记内部往来明细账；另一联附上一联发货单和门店汇总表一起转到门店。总部编制会计分录如下：

借：基层往来——××门店
　　贷：基层往来——配送

（二）配送中心的核算

配送中心将收到的发货单和门店汇总表按照不同的门店分门别类予以保管，月末或者定期汇总，编制月份"商品发货汇总表"，并据此编制"内部转账通知书"，编制会计分录如下：

借：总部往来——商品调拨
　　贷：库存商品——××类商品

（三）门店的核算

各门店在月末收到总部财务部门转来的"内部转账通知书"、所附的发货单和门店汇总表后，要进行认真核对，并将其与门店自行保管的商品三级明细分类账上登记的入账情况进行核对无误后，编制会计分录如下：

借：库存商品——××类
　　贷：总部往来——商品调拨

【例7-1】佳佳连锁超市有限公司配送中心7月向各门店配送的家用搅拌器产品，甲门店配送12箱，每箱10件；乙门店配送12箱，每箱11件，进价单价为15元，售价单价为19元。分别作出总部财务部门、配送中心、甲门店、乙门店的会计分录。

总部财务部门编制会计分录如下：

借：基层往来——甲　　　　　　　　　　1 800（12×10×15）
　　　　　　　——乙　　　　　　　　　　1 980（12×11×15）
　　贷：基层往来——配送中心　　　　　　3 780

配送中心编制会计分录如下：

借：总部往来——商品配送　　　　　　　　3 780
　　贷：库存商品　　　　　　　　　　　　3 780

门店甲编制会计分录如下：

借：库存商品　　　　　　　　　　　　　　1 800

贷：总部往来——商品配送　　　　　　　　　　　　　　　1 800
　门店乙编制会计分录如下：
　借：库存商品　　　　　　　　　　　　　　　　　　　　　1 980
　　　贷：总部往来——商品配送　　　　　　　　　　　　　　　1 980

　　前面讲到连锁企业门店在商品经营过程中，由于种种原因可能会发生商品的退货业务，其中一种情况是门店将商品退还给总部配送中心。配送中心接到门店退货后作如下处理：配送中心将门店退回的商品退还给供应商。

　　如果配送中心将门店退回的商品全部或者部分再退还给供应商，则配送中心根据退货商品的数量按照不同的供应商对象再编制"退货单"，作为向供应商退货及登记库存商品卡片账和库存商品明细分类账的依据。同时编制"退货联系单"通知供应商。月末或者定期汇总退货单和退货联系单，签发"内部转账通知书"一式三联。

　　（1）配送中心的会计处理。
　　配送中心按照留存的退货单、退货联系单编制会计分录如下：
　　商品按照进价金额核算，
　　借：总部往来——商品配送（进价金额）
　　　　贷：库存商品
　　商品按照售价金额核算，
　　借：总部往来——商品配送（进价金额）
　　　　商品进销差价
　　　　贷：库存商品（售价金额）
　　（2）总部财务部门的会计处理。
　　总部财务部门收到配送中心转来的退货单、退货联系单及"内部转账通知书"以后，作会计分录如下：
　　借：应付账款（进价金额+增值税）
　　　　贷：库存商品（进价金额）
　　　　　　应交税费——应交增值税（进项税额）

第八章
各门店调价的会计核算

虽然连锁企业中总部会对各连锁店的商品价格进行统一管制，但在实际操作中，由于地区消费差异、消费者偏好、竞争差异等原因，连锁企业在实行总部统一定价的同时，会根据各种商品的不同性质及自身在市场中的具体销售情况，对商品销售价格进行调整。具体而言，总部会将商品进行分类，有些商品的调价权统一集中在总部；有些商品的调价权下放到区域分部；有些商品的调价权直接下放到门店。在后两种情况下，区域分部或门店有权根据市场情形制订调价方案并报总部批准后，执行新的售价。由于商品季节性的原因，门店调价在企业中基本每天都会发生，这样就涉及门店调价的会计核算，在本章中，我们主要介绍总部和连锁店对商品调价的会计核算。

本章导读

1. 了解门店调价的概述
2. 掌握商品调价的核算

第一节 概述

连锁经营是一种先进的商业企业组织形式,其规模效益的优势在商品价格上能够完全表现出来。

一、价格统一

连锁经营的各分店实行大体一致的定价方法、价格水平及价格促销策略。如麦当劳、日本大荣公司、法国的家乐福集团等众多世界著名连锁店都在全球各分店采取统一的价格。统一的价格也并非完全一致,一些规模较大的店铺常有权适当调整价格,如法国安得玛谢集团在公司统一价格的策略指导下,各店铺有一定的价格变动权利,以增强商品价格的地区适应性和竞争力。价格统一是连锁店区别于一般的零售业商业集团的经营特色,它有利于连锁店实行统一管理,树立连锁店的整体形象,给消费者留下货真价实的良好印象,增强连锁店的整体吸引力,也给消费者带来方便。比如在甲地买的商品,到乙地的分店中照样可以退换,价格、品质丝毫不差。越来越多的连锁店采取这种价格形式,这是当今消费者需求多样化、市场环境随时空变化而差异增大的市场特点所决定的必然趋势。

二、价格低廉

价格低廉是连锁经营这一先进企业组织形式的经营特征和竞争获胜的最大优势。价格低廉成为连锁经营的特征和优势的原因主要有三点:第一,在连锁店的历史发展中已形成了这种价格策略,连锁店是在廉价店和折扣店的基础上逐渐连锁经营形成的,实行连锁经营的最初目的就是降低成本、压低价格,方便广大普通消费者购物。后来,一些专卖店、高档的百货店也实行连锁经营,因而有人认为价格低廉不是连锁店的特征和优势,这是不全面的。大多数连锁店还是实行低价策略,比如连锁经营的超级市场、廉价商店,采用高价策略的只是连锁经营的专卖店、高档的百货店,这些商店连锁的初衷仍是扩大经营、降低成本,比如马狮百货连锁公司就是在廉价货摊基础上发展而来。第二,连锁店经营的商品定位也决定着这种策略。连锁店的目标消费者是普通消费者,经营的商品定位于日常生活用品,而不是贵重的大宗商品。因此,这些商品种类繁多,一般价格较低,需求弹性小,而需求量较大,这就形成了连锁店低价的价格策略,靠薄利多销在竞争中取得有利地位。第三,连锁店科学的管理为连锁店实行低价策略提供了现实基础。连锁店把现代工业大生产的原理应用于零售业，实现了商业活动的标准化、专业化、集中化、单纯化，使连锁店的经营成本显著地低于一般单个店铺，连锁店的大批量进货，能取得价格优惠，并能和厂家建立稳定的合作关系，从而保证购进商品的质优价廉。连锁店建立统一的配送中心，可加快商品周转，降低商品库存和商品损耗，大大降低了商品库存和运输成本。连锁店统一促销、统一管理，也减少了商品管理开支，相对地增加了企业的利润。总之，由于连锁经营的规模效益降低了成本，为连锁店制定价格策略提供了广阔的空间，使价格策略的运用更加灵活。但是，连锁店定价的基本思路应是以低价吸引广大消费者，薄利多销，追求规模效益，即形成"低价化—大众化—大量化—低成本—高效益"的良性循环。

第二节 商品调价的核算

一、统一定价的含义和意义

（一）统一定价的含义

所谓的统一定价，是指某一商品销售价格的制定权集中在总部，各个门店必须统一执行总部制定的商品销售价格，不得随意变动，各门店无自主定价的权利。销售价格统一是连锁企业的经营特色之一，消费者在不同门店购买相同品种的商品，其价格完全一样。

（二）统一定价的重要意义

实行统一的定价政策，有利于总部实行统一管理，树立连锁企业的整体形象，给消费者留下货真价实的良好印象，增强企业的整体吸引力，扩大企业的社会影响力。统一定价政策是连锁企业扩大商品销售的主要策略之一。

二、门店自主调价

连锁企业实行总部统一定价政策并不意味着门店没有一丁点儿的商品销售价格调整权，为了适应宏观经济和市场情况变化的需要，因地制宜地扩大商品销售规模，增强连锁企业在同行业中的竞争力，连锁企业总部应当给门店一定的商品调价自主权。这是因为：

（1）不同地区存在一定的消费差异。

随着连锁企业规模的扩大，连锁企业门店在地域上的分布越来越广泛，不同地区的消费水平由于收入上的差距而有高有低，不同地区的消费者在消费习惯和消费偏好上的差别也非常大。

（2）不同连锁企业门店之间的竞争需要。

在不同的区域内，不同连锁企业门店的集中度有所不同，连锁企业之间为了吸引消费者，价格的竞争程度在不同的区域也大不一样。

凡此种种皆说明，如果连锁企业不分地区差别、消费者差别和竞争差别，一味机械地强调各个门店都必须执行总部统一制定的销售价格，就有可能导致企业经营机会的丧失。在实际操作时，由于地区消费差异、消费者偏好、竞争差异等原因，连锁企业在实行总部统一定价的同时，会根据各种商品的不同性质及自身在市场中的具体销售情况，对商品销售价格进行调整。具体而言，总部会将商品进行分类，有些商品的调价权统一集中在总部；有些商品的调价权下放到区域分部；有些商品的调价权直接下放到门店。在后两种情况下，区域分部或门店有权根据市场情形制订调价方案并报总部批准后，执行新的售价。

三、直营店商品调价的会计核算方法

不管是总部统一调价，还是区域分部和门店自主调价，其结果无外乎三种：新售价高于原售价；新售价低于原售价但高于商品进价；新售价低于商品进价。下面一一加以介绍。

（一）调整后的零售价格高于现在的零售价格

如果调整后的商品零售价格高于现在的零售价格，其调整不涉及门店和总部的往来核算，因为总部和基层门店的往来核算都是按商品的进价反映的。此时只需要在门店内部进行调整就可以了。这一做法也包括以下两种情况：

（1）商品按进价金额核算。

在这种核算方法下，门店除了对卖场的商品重新按照新的售价标价以外，不需要做任何会计处理，因为各级各类库存商品明细分类账都是按照商品进价核算的，调整后的商品售价与进价无关。

（2）商品按售价金额核算。

①核算方法。门店应当在库存商品三级账上重新登记新的商品零售价，在借方登记该商品的调价金额，重新计算出该商品库存金额的售价余额。

月末，按照商品大类汇总调价金额，编制下列会计分录，并登记相关库存商品二级账和商品进销差价账户。

借：库存商品——××类（调高的差额）

贷：商品进销差价——××类（调高的差额）

②核算举例。

【例8-1】某连锁门店接到总部通知，对某种型号的彩电调高销售价格，该彩电原来的进价是每台2 500元，内部调拨价2 600元，零售价格3 000元，现在零售价格

调整为 3 100 元。该门店经过盘点库存尚有 5 台彩电，调价的会计分录如下：

  借：库存商品   500（3 100-3 000）×5
   贷：商品进销差价   500

（二）调整后零售价格低于现行零售价格，但是高于商品进价

这一做法也包括以下两种情况：

（1）商品按进价金额核算。

在数量进价金额核算方法下，门店只需对卖场的商品重新按照新的售价标价，但不需要做任何会计处理，因为调整后的售价金额仍旧高于进价，与各级各类明细分类账登记的进价金额无关。

（2）商品按售价金额核算。

①核算方法。在售价金额核算方法下，调低价时，门店应当在库存商品三级明细分类账上重新登记新的商品零售价，在借方登记该商品调低的金额，并重新计算出该商品库存金额的售价余额。

月末，直营店按商品大类汇总调低的金额，并编制分录、登记对应的库存商品二级明细分类账和商品进销差价账户。

  借：商品进销差价——××类商品（调低的差额）
   贷：库存商品——××类商品（调低的差额）

②核算举例。

【例8-2】某连锁门店接到总部通知，对某种型号的彩电调低销售价格，该彩电原来的进价是每台 2 500 元，内部调拨价 2 600 元，零售价格 3 000 元，现在的零售价调整为 2 700 元。该门店经过盘点库存尚有 5 台彩电，调价的会计分录如下：

  借：商品进销差价   1 500（3 000-2 700）×5
   贷：库存商品   1 500

（三）调整后的零售价低于商品的进价

如果调整后的零售价格低于商品的进价，则意味着总部的利润减少。所以不仅门店库存商品的账面金额要进行调整，而且与总部的往来账户也要进行调整。

（1）门店的调整。

调价时，门店只需对卖场的商品重新按照新的售价标价。月末调价商品按照大类汇总以后，编制"内部转账通知书"。根据商品核算的不同情况，编制相应的会计分录，登记相应的账户，同时将"内部转账通知书"附上商品调价单转到总部财务部门。

商品按进价金额核算。门店编制如下会计分录，并登记相应的库存商品二级明细分类账。

借：总部往来（商品进价与现零售价的差额）
　　贷：库存商品（商品进价与现零售价的差额）

商品按售价金额核算。门店编制如下会计分录，并登记相应的库存商品二级账和商品进销差价账户。

借：商品进销差价（原零售价与商品进价的差额）
　　总部往来（商品进价与现零售价的差额）
　　贷：库存商品（原零售价和现零售价的差额）

（2）总部的调整。

总部财务部门接到门店转来的"内部转账通知书"以后，按照调整后的零售价与商品进价的差额作如下会计分录，并登记相应的内部往来明细账户：

借：销售费用（商品进价与现零售价的差额）
　　贷：基层往来（商品进价与现零售价的差额）

（3）核算举例。

【例8-3】某连锁门店接到总部通知，对某种型号的彩电调低销售价格，该彩电原来的进价是每台2 500元，内部调拨价2 600元，零售价格3 000元，现在的零售价调整为2 400元。该门店经过盘点库存尚有5台彩电，调价的会计分录如下：

商品按照售价金额核算，
门店的会计分录：

借：商品进销差价　　　　　　　　　　2 500（3 000-2 500）×5
　　总部往来　　　　　　　　　　　　500（2 500-2400）×5
　　贷：库存商品　　　　　　　　　　3 000（3 000-2 400）×5

总部的会计分录：

借：销售费用　　　　　　　　　　　　500
　　贷：基层往来　　　　　　　　　　500

商品按照进价金额核算，
门店的会计分录：

借：总部往来　　　　　　　　　　　　500（2 500-2 400）×5
　　贷：库存商品　　　　　　　　　　500

总部的会计分录：

借：销售费用　　　　　　　　　　　　500
　　贷：基层往来　　　　　　　　　　500

（四）供应商愿意承担一部分调价损失

如果在调低的商品价格中，供应商愿意承担一部分调价损失，供应商所承担的损失对连锁企业来讲就是获得的一项收益，或者说是连锁企业的费用和损失的减少，由于要求供应商对调价损失作出一定补偿的谈判是由总部一个口子对外的，所以这部分供应商承担的调价损失，也是集中由总部财务部门统一处理的，与门店的会计核算无关，在具体处理上，又有以下两种情况：

（1）供应商承担的损失金额小于原商品进价与原零售价的差额。

对于这一类情况，在进行会计处理时还必须结合考虑调整后的零售价格与原商品进价金额的关系采取不同的核算方法，具体讲有以下两种情况：

①调整后的零售价格大于原来的商品进价金额。这是指调整后的零售价格介于原商品零售价格和原商品进价之间，用公式表示：

原商品进价金额<调整后的零售价格<原商品零售价格

此时，可以将供应商承担的商品调价损失理解为连锁企业损失的减少或者收益的增加冲减销售费用，该项经济业务与门店无关。

连锁企业总部根据与供应商达成的协议作会计分录如下：

借：应付账款——××供应商

　　贷：销售费用

门店如果采用的是进价金额核算法，则无需进行任何形式的会计处理。如果门店采用的售价金额核算法，门店按照调整以后零售价格与原来零售价格的差额，分别冲减商品进销差价账户和库存商品账户，门店作会计分录如下：

借：商品进销差价

　　贷：库存商品

②调整后的零售价格小于原来的商品进价金额。这是指调整以后的零售价格不仅小于商品的原零售价格，而且小于商品的原进价金额，用公式表示：

调整后的零售价格<原商品零售价格<原商品进价金额

在这种情况下，总部财务部门还是将供应商承担的商品调价损失理解为连锁企业损失的减少或者收益的增加冲减销售费用，借记"应付账款——××供应商"，贷记"销售费用"。该项经济业务与门店无关。另外，将调整以后的零售价格低于原商品进价金额的差额作为调价损失增加销售费用，同时调整对门店的往来账户，总部财务部门作会计分录如下：

借：销售费用

　　贷：基层往来——××门店

如果门店按进价金额核算，则将调整以后的售价金额与原商品进价金额的差额调整库存商品账户和总部往来账户，门店作会计分录如下：

借：总部往来

　　贷：库存商品

如果门店按照售价金额核算，在冲减库存商品账面售价的同时，冲减原商品进销差价，再将调整以后的售价与原商品进价金额的差额调整总部往来，门店作会计分录如下：

借：商品进销差价（原商品进销差价）

　　总部往来（调整以后的售价与原商品进价金额的差额）

　　贷：库存商品（调整以后的售价金额与原来售价金额的差额）

③核算举例。

【例8-4】某连锁门店接到总部通知，对某种型号的彩电调低销售价格，该彩电原来的进价是每台2 500元，内部调拨价2 600元，零售价格3 000元，现在的零售价调整为2 400元，供应商愿意承担每台彩电200元的调价损失。该门店经过盘点库存尚有5台彩电，作会计分录如下：

总部财务部门的核算过程如下：

首先，将供应商承担的损失金额，作为连锁企业的收益或者损失的减少冲减销售费用，作如下会计分录，该项经济业务与门店无关，作会计分录如下：

借：应付账款　　　　　　　　　　　　1 000（200×5）

　　贷：销售费用　　　　　　　　　　　　　　　1 000

其次，将调整以后的零售价格低于原商品进价金额的差额作为调价损失增加销售费用，同时调整对门店的往来账户，作会计分录如下：

借：销售费用　　　　　　　　　　　　500（2 500-2 400）×5

　　贷：基层往来——××门店　　　　　　500（2 500-2 400）×5

上述两笔分录可以合起来编制一个复合分录如下：

借：应付账款　　　　　　　　　　　　1 000（200×5）

　　贷：销售费用　　　　　　　　　　　　　　　500

　　　　基层往来——××门店　　　　500（2 500-2 400）×5

门店的核算过程如下：

如果门店按照进价金额核算，按照调整后的售价金额低于原进价金额的差额，作会计分录如下：

借：总部往来　　　　　　　　　　　　500（2 500-2 400）×5

　　贷：库存商品　　　　　　　　　　　　500（2 500-2 400）×5

如果门店按照售价金额核算，作会计分录如下：

借：商品进销差价　　　　　　　　　　2 500（3 000-2 500）×5

> 　　总部往来　　　　　　　　　　　　　　500（2 500-2 400）×5
> 　贷：库存商品　　　　　　　　　　　　3 000（3 000-2 400）×5

（2）供应商承担的损失金额大于原商品进价与原零售价的差额。

当商品的零售价格调整到原来商品的进价金额以下时，有可能出现供应商承担的调价损失金额大于原商品进价与原零售价的差额。在这种情况下，首先，将供应商承担的调价损失金额作为连锁企业损失的减少或者收益的增加冲减销售费用，该项经济业务与门店无关。其次，将调整以后的零售价格低于原商品进价金额的差额作为调价损失增加销售费用，同时调整对门店的往来账户。门店也要对此作出相应的会计处理。

①总部作会计分录如下。

首先，按照与供应商达成的协议，作如下会计分录，该项经济业务的处理与门店无关：

> 借：应付账款——××供应商（供应商承担的金额）
> 　贷：销售费用（供应商承担的金额）

其次，按照调整后零售价格低于原商品进价金额的差额，作会计分录如下：

> 借：销售费用
> 　贷：基层往来——××门店

上述两笔经济业务也可以合起来编制一个复合会计分录如下：

> 借：应付账款——××供应商（供应商承担的金额）
> 　贷：销售费用（供应商承担的金额－调整后零售价格低于原商品进价金额的差额）
> 　　　基层往来——××门店（调整后零售价格低于原商品进价金额的差额）

②门店作会计分录如下。

如果商品是按进价金额核算，门店的会计分录如下：

> 借：总部往来（调整后零售价格低于原商品进价金额的差额）
> 　贷：库存商品（调整后零售价格低于原商品进价金额的差额）

如果商品是按售价金额核算，按照应当调减的商品售价金额，作会计分录如下：

> 借：商品进销差价（原售价与原进价的差额，即原商品进销差价）
> 　　总部往来（调整后零售价格低于原商品进价金额的差额）
> 　贷：库存商品（原售价与现售价的差额）

③核算举例。

【例8-5】某连锁门店接到总部通知，对某种型号的彩电调低销售价格，该彩电原来的进价是每台2 500元，内部调拨价2 600元，零售价格3 000元，现在的零售价调整为 2 400 元，供应商愿意承担每台彩电 520 元的调价损失。该门店经过盘点库存尚有 5 台彩电，会计分录如下：

（1）总部财务部门的会计分录。

首先，将供应商愿意承担的损失金额作为连锁企业的一项收益或者损失的减少，冲减销售费用。按照与供应商达成的协议作如下会计分录，该项业务与门店无关。

借：应付账款　　　　　　　　　　　　2 600（520×5）
　　贷：销售费用　　　　　　　　　　　　　　　　　2 600

其次，在商品零售价格的调整金额中将现零售价低于原商品进价金额的差额作为调价损失，增加销售费用，同时调整门店往来。作会计分录如下：

借：销售费用　　　　　　　　　　　　500（2 500-2 400）×5
　　贷：基层往来——××门店　　　　　500（2 500-2 400）×5

将上述两笔分录合并作复合会计分录如下：

借：应付账款　　　　　　　　　　　　2 600（520×5）
　　贷：销售费用　　　　　　　　　　　2 100（2 600-500）
　　　　基层往来——××门店　　　　　500（2 500-2 400）×5

（2）基层门店的会计分录。

商品按照进价金额核算，作会计分录如下：

借：总部往来　　　　　　　　　　　　500（2 500-2 400）×5
　　贷：库存商品　　　　　　　　　　　500（2 500-2 400）×5

商品按照售价金额核算，作会计分录如下：

借：总部往来　　　　　　　　　　　　500（2 500-2 400）×5
　　商品进销差价　　　　　　　　　　2 500（3 500-3 000）×5
　　贷：库存商品　　　　　　　　　　　3 000（3 000-2 400）×5

四、加盟店和合资店商品调价的核算方法

（一）加盟店和合资店商品调价的核算特点

（1）加盟店和合资店商品调价的原则。

加盟店和合资店与直营店不同，它们是独立自主的经营实体和法人单位，不必严格受制于总部，但它们也必须服从总部的价格政策，按照总部统一确定的零售价格销售商品，因此，也要按照总部统一确定的调价政策调整商品的零售价格。

（2）加盟店和合资店与直营店调价核算的异同。

加盟店（合资店）商品调价的核算方法既有与直营店相同的地方，也有与直营店不同的地方。

①共同点。若新售价高于原售价，或者新售价低于原售价但高于原商品的调拨价，加盟店的会计处理与直营店的处理完全相同，唯一不同的就是将商品的进价替换为商品的内部调拨价格。具体处理也是只需对卖场的商品重新按照新的售价标价，除此以外，不需要作任何会计处理。

②不同点。在此，与直营店唯一的区别就是：商品的进价金额改为商品的内部调拨价格；调整后零售价低于原商品调拨价，或者商品价格调低，且有部分调价损失补偿时，加盟店和合资店商品调价的核算方法与直营店就有一定的差别。

（3）与供应商谈判调价补偿的权限。

按照商品统一定价的原则，加盟店和合资店无权与供应商洽谈商品调价损失的补偿问题：商品调价损失的补偿只能由总部一个口子对外与供应商洽谈，供应商对调价的补偿也只能由总部统一收取与核算以后，再与加盟店和合资店洽谈对它们的调价补偿问题。换言之，是总部而不是供应商，对加盟店和合资店进行商品调价补偿。

（二）调整后零售价低于原商品调拨价

当连锁企业向加盟店与合资店配送商品时，已经根据商品的调拨价确认为一项销售收入，如果商品的零售价格调整到调拨价以下，意味着连锁企业发生了商品销售的折让，所以对这一部分的价格调整应当视作对连锁企业已经确认收入的抵减。具体会计处理过程如下。

（1）总部的会计核算。

总部应该依据增值税红字发票，按照调整后零售价格与原商品调拨价的差额，冲减销售收入，同时调整与加盟店和合资店往来账户。作会计分录如下：

借：主营业务收入（调整后零售价格与原商品调拨价格的差额）

　　应交税费——应交增值税（销项税额）新售价与原调拨价的差额×税率

贷：基层往来——××门店调整后零售价格与原商品调拨价格的差额＋销项税额

注：销项税额冲减的前提条件是能够获得税务局出具的增值税红字发票。

（2）门店的会计核算。

按照进价金额核算，

借：总部往来（调整后零售价格与原商品调拨价格的差额＋增值税）

贷：库存商品（调整后零售价格与原商品调拨价格的差额）

　　应交税费——应交增值税（进项税额）

按照售价金额核算，

借：总部往来（调整后零售价格与原商品调拨价格的差额＋增值税）

　　商品进销差价（原商品售价金额与原商品调拨价金额的差额）

贷：库存商品（原零售价格与调整后零售价格的差额）

　　应交税费——应交增值税（进项税额）

（3）核算举例。

【例8-6】 2019年11月1日某加盟店接到某超市总部通知，将某洗涤类产品的不含税销售价调整为3.73元。该产品每块的原不含税进价3.93元，不含税内部调拨价4.63元，不含税销售价7.13元，增值税税率13%。某加盟店盘点的结果是库存6箱。请编制相关调价业务的会计分录。

（1）总部的会计分录。

借：主营业务收入　　　　　　　　　540　［6×100×（4.63 -3.73）］
　　　应交税费——应交增值税（销项税额）　　　70.20
　　贷：基层往来——爱心加盟店　　　　　　　　610.20

（2）加盟门店的会计分录。

①按进价金额核算时的会计分录。

借：总部往来——调价　　　　　　　610.20
　　贷：库存商品——洗涤类　　　540　［6×100×（4.63 -3.73）］
　　　　应交税费——应交增值税（进项税额）　　　70.20

②按售价金额核算时的会计分录。

借：总部往来——调价　　　　　　　610.20
　　商品进销差价——洗涤类　　　1 500　［6×100×（7.13 -4.63）］
　　贷：库存商品——洗涤类　　　2 040　［6×100×（7.13 -3.73）］
　　　　应交税费——应交增值税（进项税额）　　　70.20

（三）总部承担的损失金额小于原商品的进销差价

这是指总部承担的损失金额小于原商品的售价金额与商品调拨价格的差额，用公式表示：

总部承担的损失金额<商品进销差价

对于这一类情况，在进行会计处理时还必须结合考虑调整后的零售价格与原商品调拨价格的关系采取不同的核算方法，具体讲有以下两种情况。

（1）调整后的零售价格大于原来的商品调拨价格。

这是指调整后的零售价格介于原商品零售价格和原商品调拨价格之间，用公式表示：

原商品调拨价格<调整后的零售价格<原商品零售价格

①总部的会计核算。总部为加盟店和合资店承担的一部分商品调价损失，意味着总部的费用或者损失相应增加，总部根据其与加盟店和合资店达成的补偿协议作会计分录如下：

借：销售费用
　　贷：基层往来——××门店

②加盟店和合资店的会计核算。如果加盟店和合资店采用进价金额核算，加盟店与合资店将总部承担的调价损失金额作为一项收益，作会计分录如下：

借：总部往来
　　贷：销售费用

如果加盟店和合资店采用售价金额核算，在加盟店与合资店将总部承担的调价损失金额确认为一项收益的同时，还要按照商品的调价金额作会计分录如下：

借：商品进销差价
　　贷：库存商品

（2）调整后的零售价格小于原来的商品调拨价金额。

这是指调整以后的零售价格不仅小于商品的原零售价格，而且小于商品的原调拨价格，用公式表示：

$$调整后的零售价格 < 原商品调拨价格$$

①总部的会计核算。

首先，总部财务部门还是将承担的商品调价损失理解为连锁企业损失的增加。作会计分录如下：

借：销售费用
　　贷：基层往来——××门店

其次，按照调整后零售价小于原商品调拨价的差额。作会计分录如下：
借：主营业务收入（调整后零售价格与原商品调拨价格的差额）
　　应交税费——应交增值税（销项税额）
　　贷：基层往来——××门店（调整后零售价格与原商品调拨价格的差额+增值税）

②加盟店和合资店的会计核算。

首先，加盟店与合资店将总部承担的调价损失金额作为一项收益，作会计分录如下：
借：总部往来
　　贷：销售费用

其次，如果加盟店和合资店采用进价金额核算，在确认收益的同时，将调整以后的售价金额与原调拨价的差额，作会计分录如下：
借：总部往来（调整后零售价格与原商品调拨价格的差额与增值税）
　　贷：库存商品（调整后零售价格与原商品调拨价格的差额）
　　　　应交税费——应交增值税（进项税额）

如果加盟店和合资店采用售价金额核算，在确认收益的同时，将调整以后的售价金额

与原调拨价的差额,作会计分录如下:

借:总部往来(调整后零售价格与原商品调拨价格的差额+增值税)
　　商品进销差价(原商品售价金额与原商品调拨价金额的差额)
　贷:库存商品(原零售价格与调整后零售价格的差额)
　　　应交税费——应交增值税(进项税额)

(3)核算举例。

【例8-7】某连锁门店接到总部通知,对某种型号的彩电调低销售价格,该彩电原来的进价是每台2 500元,内部调拨价2 600元,零售价格3 000元,现在的零售价调整为2 400元,总部愿意承担每台彩电200元的调价损失。该门店经过盘点库存尚有5台彩电,会计分录如下:

(1)总部财务部门的核算过程。

首先,总部确认承担的调价损失,作会计分录如下:

借:销售费用　　　　　　　　　　　　　　1 000(200×5)
　贷:基层往来——××门店　　　　　　　　　　　　　1 000

其次,按照调整后零售价小于原商品调拨价的差额,作会计分录如下:

借:主营业务收入　　　　　　1 000(2 600-2 400)×5
　　应交税费——应交增值税(销项税额)　　　　　　130
　贷:基层往来——××门店　　　　　　　　　　　　1 130

(2)门店的核算。

首先,确认总部承担调价损失的收益,作会计分录如下:

借:总部往来　　　　　　　　　　　　　　1 000(200×5)
　贷:销售费用——××门店　　　　　　　　1 000(200×5)

其次,调整原调拨价与调整后零售价的差额,如果门店按照进价金额核算,作会计分录如下:

借:总部往来　　　　　　　　　　　　　　　　　　1 130
　贷:库存商品　　　　　　　　　　1 000(2 600-2 400)×5
　　　应交税费——应交增值税(进项税额)　　　　　130

如果加盟店和合资店采用售价金额核算,则上述分录改写为:

借:总部往来　　　　　　　　　　　　　　　　　　1 130
　　商品进销差价　　　　　　　　2 000(3 000-2 600)×5
　贷:库存商品　　　　　　　　　3 000(3 000-2 400)×5
　　　应交税费——应交增值税(进项税额)　　　　　130

(四) 总部承担的损失金额大于原商品进销差价

当商品的零售价格调整到原来商品的调拨价格以下时，有可能出现总部承担的调价损失金额大于原商品调拨价与零售价的差额，即承担的损失金额大于原商品进销差价。

（1）总部的会计核算。

①将承担的调价损失确认为一项费用，调整与加盟店和合资店的往来账户。

总部的会计处理与前面所叙述的基本一致，作会计分录如下：

借：销售费用
　　贷：基层往来

②将调整后零售价格与原商品调拨价格的差额冲减已经确认的收入，作会计分录如下：

借：主营业务收入（调整后零售价格与原商品调拨价格的差额）
　　应交税费——应交增值税（销项税额）
　　贷：基层往来——××门店（调整后零售价格与原商品调拨价格的差额+销项税额）

（2）门店的会计核算。

首先，将总部承担的调价损失确认为一项收益，冲减销售费用，作会计分录如下：

借：总部往来
　　贷：销售费用

然后，将实际的调价金额确认为一项损失，分别进价金额核算和售价金额核算，作不同的会计处理。

按照进价金额核算，

借：总部往来（调整后零售价格与原商品调拨价格的差额+增值税）
　　贷：库存商品（调整后零售价格与原商品调拨价格的差额）
　　　　应交税费——应交增值税（进项税额）

按照售价金额核算，

借：总部往来（调整后零售价格与原商品调拨价格的差额+增值税）
　　　商品进销差价（原商品售价金额与原商品调拨价金额的差额）
　　贷：库存商品（原零售价格与调整后零售价格的差额）
　　　　应交税费——应交增值税（进项税额）

（3）核算举例。

【例8-8】某连锁门店接到总部通知，对某种型号的彩电调低销售价格，该彩电原来的进价是每台2 500元，内部调拨价2 600元，零售价格3 000元，现在的零售价调整为2 400元，彩电零售价格调整以后总部对每台彩电愿意承担损失550元。该门店经过盘点库存尚有 5 台彩电，作会计分录如下：

（1）总部的会计分录。

总部承担的调价损失：

借：销售费用　　　　　　　　　　　　　2 750（5×550）
　　贷：基层往来　　　　　　　　　　　　　　　2 750

原调拨价和调整后零售价格的差额：

借：主营业务收入　　　　　　　1 000（2 600-2 400）×5
　　应交税费——应交增值税（销项税额）
　　　　　　　　　　　　　　130（2 600-2 400）×5×13%
　　贷：基层往来——××门店　　　　　　　　1 130

（2）门店的会计分录。

根据总部承担的调价损失金额编制会计分录如下：

借：总部往来　　　　　　　　　　　　　2 750（5×550）
　　贷：销售费用　　　　　　　　　　　　　　　2 750

根据实际调价的金额，分别按进价金额核算和按售价金额核算，作不同的会计处理。

按照进价金额核算，门店作会计分录如下：

借：总部往来　　　　　　　　　　　　　　　　1 130
　　贷：库存商品　　　　　　　1 000（2 600-2400）×5
　　　　应交税费——应交增值税（进项税额）　　　130

如果按照售价金额核算，则左边分录改写为：

借：总部往来　　　　　　　　　　　　　　　　1 130
　　商品进销差价　　　　　　　2 000（3 000-2 600）×5
　　贷：库存商品　　　　　　　3 000（3 000-2 400）×5
　　　　应交税费——应交增值税（进项税额）
　　　　　　　　　　　　　　130（2 600-2 400）×5×13%